簡少年
現代生活算命書

讓神祕玄學
輕鬆應用在日常生活之中

目錄

推薦序一

我獨特且美麗的走鐘人生

小A辣（走鐘獎最佳女主角）

每個人面對未來與未知，多是期待夾雜著恐懼的複雜情緒，這一步怎麼走，下一步會如何？這一刻來這招，下一刻會有什麼變化？命定中最好的安排會是什麼？我的選擇不為普世價值所認同？我會遭遇什麼樣的困難與阻礙？我該跟隨自己的心？還依著世俗眼光而存在？

即使為了圓滿心中渴望的那個小A辣，即使次次挑戰後遇見越來越喜歡的自己，再度面臨選擇與改變時，我的內心依然既期待又怕受傷害，期待更好的自己，同時又擔憂選擇帶來的挑戰，我想，這就是神祕學吸引人的原因，因為我都想要買個幸福保險，確認人生每個決定性賭盤的勝率以趨吉避凶，我們都想有個任意門，提早進入未來探索此刻自己選擇的正確性。

十一次整型、拆掉兩對肋骨，連屌都不要了的我，在古代，應該會直接被貼上生人勿近的魔鬼標籤，慶幸生在多元包容的二十一世紀，小A辣能在傳統教養與自我認知間找到平衡點，多數人不再只用舊觀念評斷一個人的價值，那麼，流傳了千年的紫微斗數、面相、風水等神祕學，也應該與時俱進，有著更貼近現代生活的新詮釋與應用，《簡少年現代生活算命書》就是一本讓你輕鬆悠遊古人智慧又能發現新大陸的應用書。

幾年前，在一次電視節目錄影中，第一次與簡少年相遇，那次的主題是運勢與面相，少年在節目中說道「小A辣二〇二〇年會大旺」，怎麼個大旺法？那時的我是沒有概念的，只記得錄影後，私下向少年請教問題，少年很有耐心地回答，說話的溫度與字句讓人很舒服，所謂的舒服，不是一味地附和著你的想法，而是用更同理自己的角度，幫我解析我的問題，和以往算命的經歷不相同，更能讓我信服。

全球疫情正盛的二〇二〇年，我前往泰國做了變性手術，將變性手術過程分享在YouTube頻道，這個影片讓我獲得「走鐘獎最佳女主角獎」殊榮，二〇二〇年小A辣會大旺？你們覺得呢？

推薦序二

縱橫三個維度的 3D 命理師

石恬華（領袖 100 創辦人）

和少年結緣在我催生的人才公益平台「領袖 100」，他是第一屆的導生，以創業家的身分報名加入。但是他另外一個命理師的身分，總讓他身邊圍繞著好奇問事的人，導師們也很愛問他自己的運勢與難解的關卡，所以雖說是導生，更常聽到大家叫他簡老師，或是他走跳江湖的名號「新創國師」！

後來爲了推廣領袖 100，我竟然和少年錄起了 Podcast「職涯 99」，一錄就是一整年，到現在我已經撤退了，少年還繼續在周更！這一年當中，我們每周見面，兩個年紀相差一輪以上的人，節目裡外都天南地北的聊著，少年總愛說他要學習的很多，但我覺得我才是那個大開眼界的人。從他這個與我完全相反的人身上，總是吸收了無限的活力與獨特思維，看到很多不曾想過的可能性。

算命是一門古老的學問，但人生在世的種種挑戰與困惑，讓算命在科技日新月異的今天仍然是剛需。這樣強大的需求如何在這個時空快速流動與全球化的年代經得起考驗，顯然是不容易的。少年對命理這個古老學問不間斷的修習與鑽研，搭配他創業的背景及經驗，完美地在算命的時代演進上做了最佳平衡。跟少年相處，你會發現他有一顆老靈魂，常常瞬間會聽到他引用古籍，充滿邏輯地鑑古論今，但下一分鐘又會發現他務實又接地氣地用極白話的方式深入淺出的解決問題。

很多人一生只活出一個維度，思考單一生活也只有一條線。少年對我來講是一個3D的立體存在，他在命理的世界裡可以在時間軸上穿越古今，在現實的空間裡對於各種商業與人性又抱持高度同理心與好奇心。另外還有一個更重要的維度是他想要幫助他人的願力，這份利他的心，讓他一邊在創業路上奔跑，一邊總還是會將時間心力花在財報上看不出效益的事。少年在命理與創業的路上同時並行前進的愈久，交織出的交集愈多，形成他獨特的新時代命理哲學，而利他的心又讓這份獨特的哲學有了幫助到大家的意義。

命理是一個古代就有的數據產業，在數據爲王的新科技時代，很幸運有少年可以幫我們穿越時間與空間，融會學理與實務，作用在每一個對人生疑惑與需要解答的讀者身上。

很榮幸能夠爲本書寫序，更榮幸能夠認識少年，爲我開啟了一扇即知即行無所畏的門，相信所有的讀者讀完本書後，會和我有同樣的感受！

推薦序三

一個生活的指引師

敏迪（國際新聞 Podcaster）

我大概十年前就認識少年，當時他才剛投入算命創業，到現在成爲台灣年輕算命師一方之霸，想一想既荒唐卻又是那麼理所當然。必須坦誠說，在認識他之前我是完全不相信算命的。怎麼可能家裡擺個紫水晶就會改運？現在都是社區大樓，如果說開門見陽臺會有煞，那不就一整棟住戶都見煞？擦個淺色眼影就眞的可以招來好桃花？隨便要我念個數字就可以看到我未來一年的運勢？拜託，我才不信。

該死的是，自從我做了敏迪選讀，幾乎每件事都被少年說中了。他曾在某一年的春節前跟我說，接下來幾個月我將會有數倍於我正職薪水的額外收入。結果過完年回來，台灣Podcast大爆發，我成爲眾多廣告主的業配對象，還眞的賺了一小桶金。我也曾經在某段時間遇到瓶頸，少年叫我去把家裡陽臺掃一掃，運勢會順很多。當時我也是半信半疑，想說好吧！就算運勢沒有好轉，至少家裡會乾淨一些。結果清完陽臺，工作上阿哩阿雜的瑣事也就眞的跟著陽臺上的雜物一併被清除了。

我覺得最煩的就是，他總是用一些很「中二」的話，講出一針見血的大道理，而且都如此合理，讓人不得不信。有時候我聽到他的建議都會想翻白眼，想說我在跟你吐訴我的苦惱，你是不是在跟我開玩笑。結果不是，而是有時候人生眞的就那麼令人白眼。每當碰到難以名狀的困境，我們總想用自身力量去對抗莫名其妙的衰運，想說應該每件事都在我能理解的範圍內，我用常規去判斷或處理，應該都是能解決的吧！但不是，有時候命運眞的造化弄人，我們以爲的邏輯早已不敷使用，卻又因爲深陷其中，判斷力被情緒給左右了。或許像少年這樣嘻皮笑臉遊樂人間，才有可能旁觀者清，代替我們看見不願面對的難題。

這也是我認爲不妨聽聽少年的原因。有時候我們並不是眞的要把命運交給算命師，不是眞的要當「家家」，大唱可不可以交出自己全放棄。而是當生命太苦太無常，至少有一個改變的方向可以努力。少年的建議大都是良善且正面的，不是無稽之談，也不需要花錢消災。就拿我的經驗來說吧！清一清陽臺，可能不會立即解決你的問題，但至少你完成了一件事，你可以跟自己說，我還有些貢獻，生命中還是有我可以掌控的事。或許我們眞正需要的是一個指引師，他會用輕鬆自在的方式引導你，帶你離開渾沌無力的泥淖，在每個小地方做一些改變，你的命運便隨之翻轉。

推薦序四

我那個會算命的「萬事通」朋友

酸酸 吳映軒（喜劇演員／主持人）

我跟簡少年認識十幾年，這個緣分要從我們在台灣微軟實習的時候說起。雖然是同期，但我大他六歲。我還在念研究所，他則是大學生。我是個憂鬱文青，一邊比校園創業競賽，他是個熱血屁孩，一邊在上「大學生了沒」節目。我們的實習單位也不一樣，我在弭平數位落差的公益計畫，他在社群推廣電玩。

看似八竿子打不著的兩個人，居然也聊到了一起，而且我很欣賞他的口才跟樂觀。當時的實習生一年有一百個人，每人投入的程度不一，少年很熱心地找了一群同期，成立了一個有事必挺的小團體，我也湊熱鬧地加入了。這個團體的名字就叫做

「萬事通」，現在回想起來，與其說是「使命感」，「萬事通」這個名字更有「命理感」。

我們的友情在實習結束之後仍持續著，少年和「萬事通」朋友們，是我第一檔脫口秀售票演出的親友團。我在喜劇圈努力，他換了幾份工作後開始創業，到北京以命理結合ＡＩ，成立了「桃桃喜」。這中間有好幾年我們都是在過年他回台才見面，聽他分享他這些日子的實戰經驗，有時候覺得也太荒謬了吧！但不得不承認，眞人的命運往往比虛構的故事離奇。

後來我遇到比較大的煩惱，也會請他從玄學的角度給我建議。我總是佩服他的變通和豁達，可能因爲這些年來面對了許多客戶的命運難題，讓他多了幾分細膩和沉著。那個很搞笑的少年，居然變成了可靠但還是搞笑的中年，這眞是我認識他的時候沒有想過的。

現在的簡少年透過網路影片、Podcast等媒體，將一些命理知識普及化，以輕鬆的方式介紹給大家，還出了這本《簡少年現代生活算命書》。

我覺得這本書跟作者一樣，很「簡」很「少年」。「簡」是「化繁爲簡」的「簡」，像是手面相、姓名學的基礎知識，或是大家最關心的財運跟桃花，他都用最簡單的方式解說，就算是命理小白也能看懂。「少年」的部分則是他推翻了命理書都很深奧又古老的刻板印象，以現代生活化的案例，讓偏年輕的朋友也有機會認識老祖宗的智慧。你問我最推薦哪一 part？我當然是迫不及待翻到最後面，看生肖運勢跟風水指南！

我的這位「萬事通」朋友，並非無所不知無所不曉，而是會告訴你怎麼把事情想得通透，想通心就開，心開運就來。這個時代的所謂「大師」，不是高高在上地說教，而是像個朋友在你面前跟你聊天。我翻書的時候會覺得，欸這段文字有聲音！恭喜簡少年出版了這本書，現在讀者們可以跟我一樣，認識到這些有趣的命理知識和故事，實在是很棒的一件事。

自序

拆解命理神祕面紗，把古人智慧帶到現代人的生活

大家好！我是「命運設計系」的系主任——簡少年。

我是一九八七年生的，絕大部分跟我年紀相仿的人，都遇到了22K的衝擊，一出社會就領著低薪，同時智能手機和社群網站也開始蓬勃發展，那是一個看似絕望，卻又因爲科技改革充滿生命力的時代。

我們現在看到的所有科技巨頭，都是近十年誕生的，如果在二〇〇〇年時跟人說，大家都用沒有按鈕的手機，還可以隨時直播，並且只要掃碼就可以付錢，我想任何一個人都是難以想像的，更不要說如果回到一九八七我出生的那年，如果有這種能

力，根本就是神仙下凡吧！

社會的發展越來越快，科技日新月異，還沒理解比特幣，NFT又出來，轉眼間元宇宙又要來到了，網紅們也是如此，剛認識一個人，轉眼間又紅另外一個人，這個世界的發展速度，感覺已經快過人類大腦能夠承載的狀態。

這樣的狀態，我之前聽過一個有趣的解釋叫做「嚇尿指數」，簡單來說，以前你要用科技嚇尿一個人，可能要回到一百年前，但現在可能不用了，只要回到五十年前就好，因爲科技的發展更快了，未來我想可能只要回到十年前，就可以用新科技嚇尿當時的人。

而命理技術也在這樣的快速時代備受挑戰，因爲價值觀改變的速度也非常快，在我師父的年代，根本沒有所謂的多元成家，甚至人們都只求溫飽，更別說什麼虛擬貨幣，但現代這些東西已經成爲常態，古書的解釋似乎在現代越來越不吻合，所以必須要費一番工夫來理解才行。

再來世界越來越平，很容易就遇到其他地區跟文化的人，如果思維不夠多元，根本無法爲之服務，也慢慢會讓人發現，原來古人的智慧，其實不只放諸四海，放諸全球都是可以爲之所用的。

所以這是一個對於命理師要求十分多元的時代，以往只要能夠熟讀古書，熟練技藝，就能夠很好的提供命理服務，但是現在完全不是這樣，你如果無法理解時代的脈絡，就很容易給人一種解釋不清楚，雲裡來霧裡去的感覺，在這個科技時代也很難被人所接受。

同時命理知識的傳遞也是如此，現代人的學習型態也有很大的改變，以前要拜入師門苦學十年半載，但在快速時代，大部分人已經失去耐心，要求立竿見影，追求效率，最好做得很少，但是效果很好，這也是命理知識傳承的一大挑戰，如何能更快的被大家所接受，就是我們這一代命理師的使命。

所以不管是在我的 Podcast「我有個朋友會算命」，還是在 YouTube「命運設計系」中，都能夠聽到我用輕鬆且結構化的方式將命理知識拆解並分享給大家，在不用學會天干地支、陰陽五行，也不需要知道生辰八字的情況下，就能夠簡單的運用在生活之中。

而我本身也希望將命理去迷信化，更加的透明公開，所以才主持「不負責任面相學」的節目，在街頭實戰看面相，佐以有趣的生活考題，讓大家了解到底看面相是怎麼一回事？

這都是在尋找和實驗命理在這樣一個超快速時代，它有沒有其他的可能性？包含我創立的桃桃喜科技公司跟微軟合作的面相ＡＩ技術也都是如此。

我很幸運原生於這樣一個資訊爆炸且終生學習的時代，同時又陰錯陽差的到了美國跟中國創業，有了多地跨文化的經驗，可以將古人的命理智慧交叉研究，讓我理解到底命理這件事的底層邏輯是什麼？並且在科學高度發展的情況下，很多人類的謎題也都被解開，可以佐證古人說的是對的，例如《人類大命運》一書中提到人類其實是種算法動物，這就代表人類是可以被「算」的！又或者《顏値》一書中提到，人類對於臉孔類型不同，自然會產生信任或者是警戒，這也驗證了面相影響命運的邏輯。

所以讓我對於古人的命理智慧有了更多的信心，透過大量的閱讀，我也越來越能交叉出古人智慧的科學原理，慢慢地拆解開命理的神祕面紗，把這樣的智慧帶到現代人的生活之中，幫助大家過得更好，也因此有了此書的誕生。

我們透過數據分析，找出比較受大家歡迎的主題，作爲一個編寫的基礎，再基於書本這樣的媒體形式，加入以前沒有辦法在其他媒介上好好表達的內容，所以不管是以前已經認識我的人，或是不認識我，但對於命理知識有興趣的朋友，都能夠在此書之中獲得一些樂趣跟收穫。

老實說，我沒有想過自己能有出書的一天，所以現在的心情是很興奮且期待的，因爲我是一個很愛看書且買書的人，書架上總是充滿了各式各樣的書，所以我非常了解書的價值和力量，雖然不敢說我的書中有黃金屋或是顏如玉，但我最希望的就是看完書的人能獲得正能量，只要能讓生活更幸福開心一點點，我覺得這樣都是非常難能可貴的事情。

最後，要非常感謝我的父母，他們給了我非常大的自由，讓我能在命理世界裡面徜徉，而我母親從小更是餵養我大量的佛學書籍，我還記得有一個故事是說寫了好書跟留下一本壞書的影響，好書的福德綿延不絕，惡書則是相反，每當我想到這故事，就警惕著我要好好寫這本書，再來是感謝我的老婆跟孩子，畢竟一個寫書新手需要很多時間，老婆分擔了很多生活瑣事，孩子則是非常懂事的將我陪他的時間給分出來，讓我可以專心寫作。

還有其他許多要感謝的朋友，不管是跟此書有關的工作夥伴們，或者是支持此書的您們，都是老天派來的貴人，少了任何一個部分，都沒有辦法完成此書。

如果此書眞的能夠幫助到大家，帶來綿延不絕的福德，願每一位朋友都能夠同享此福，一起平安快樂！

辛丑年辛丑月丁丑日　簡少年筆

PART

1

命理科普

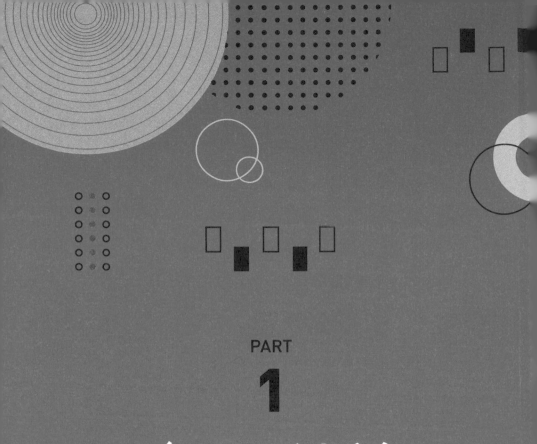

元辰宮是什麼？帶你窺探靈魂深處的小祕密

有一次錄音的時候呢？夥伴芝芝跟我說，他最近去看了元辰宮，什麼是元辰宮呢？

元辰宮就是可以看到你靈魂深處的一個房子，然後這個房子的大小，其實就是跟你的心靈狀態有關，裡面會有書房、臥房、廚房等等。

這些東西代表的是你的感情、財務、健康狀態等等，甚至還有花園，就是代表你的福分、貴人等等，再來還可以看到照顧花園的花公跟花婆，可以說是代表你的守護靈，然後裡面可能還有神壇，代表你的主神。

所以每一個人的都不一樣，有人的元辰宮是一個沙灘上的小木屋，有人是中式傳統建築，有人是歐洲古堡風格，甚至有人是現代的科技豪宅。

但如果你自己現在的狀態很不好，很可能元辰宮就會充滿各種破爛，甚至還有可能連房子都沒有，只有一根柱子。

那一天，芝芝講了一個很酷的事。他說帶朋友去看元辰宮，沒想到他的朋友問題超大，原本只是想說好玩去看一下，沒想到元辰宮的老師跟他朋友講說，他是不是這一年的感覺都不在狀態上，他很有可能有一個超大的難關。

原來是他上輩子非常狠心的殺了一個婦女，這個婦女恨意很強，所以一路跟著他到這輩子，終於等到他這輩子靈魂比較弱的時刻，所以她要開始索討她當年的怨恨，讓他出大事。

這時元辰宮老師請神明做主，把這個冤親債主，也叫來一起喬一下，冤親債主一出現這朋友馬上整個癱軟在地，不能動了。

一問之下才知道，她在上輩子苦苦求他不要殺死她，但還是被殺了，更壞的是她哀求他，放過她的孩子，但他還是把孩子給殺了，所以這個怨恨太大了。

後來他在這婦女的要求下磕了幾個大響頭，同時準備大量的蓮花，請神明超度這位婦女後，對方才開始軟化，但她提出了最後一個要求，因為她的孩子太慘了，所以這輩子要投胎成為他的孩子，然後讓他好好對待他，他同意這個條件後，這位婦女總算願意離開，而芝芝的朋友整個人也感覺清醒了許多。元辰宮老師也說他這關過了，後面會順順利利，要行善積德，好好做人。

這事情真是太酷了，聽完我非常想去，因為我體驗過另外一種催眠型的元辰宮，但這種神明型的還沒有碰過。

有一次因為好玩，就讓朋友催眠我們一起去看自己的元辰宮。

他催眠的時候會不斷地引導我們，首先看到一條路，我是看到一條紅磚路，再往前就看到一個很大的中式花園，裡面有一個穿著全身藍袍的人，但是他應該是個龍人，因為他長了一個龍的角，他很開心的跟我說，你終於來啦！然後搭著我的肩膀，帶我去欣賞這個充滿桃花樹的中式花園，走過小橋流水之後，有一扇超大的銅門，他跟我說你的元辰宮到了，原來這外面的地方不是我的元辰宮，只是一個接客的地方。

這個超級大的銅門，有個像是《奇異博士》電影裡的符號，看起來非常非常的重，但我手輕輕一推就打開了，進去之後，催眠老師就問我看到了什麼？我說我看到了一個非常非常大的客廳，有超大的書牆，跟圖書館似的，裡面有上千本的書，接著看到了很魔幻的場景。

不知道是小時候迪士尼看太多還是怎樣？竟然有《美女與野獸》裡面的擬人茶具，再往前還有高飛狗跟米奇來迎接我，難道這是「米奇妙妙屋」？

接著他引導我去看我的廚房，我的廚房一樣很魔幻，是一群類似魔戒裡面那種樹怪，然後彼此搭起來的一個大屋頂，這些屋頂會講話。然後中間有一個灶，上面有鍋子，鍋子在煮水，但沒有火，因爲水代表財，他就幫我把水加多，水變多，就要更大的火，要拿柴來燒，但我沒有看到柴，結果這個樹怪竟然就把手伸進去燒，火變超大！

不過這是不是代表如果我要賺錢，可能會把整間廚房燒掉，我還是阻止了樹怪，感覺亂痛一把，雖然樹怪的表情感覺很 HIGH。

再往前到了生命花園，我的生命花園，竟然是一個發電廠，裡面沒有幾朵花，但有一個很大的樹不停在發電。

經歷前面的米奇妙妙屋跟魔戒樹怪，我已經見怪不怪，其他人的都是一般花園，我的是一個金屬的鐵板地板，再往上這個金屬大樹上住了很多奇幻的古代中國風生物，然後旁邊的花還是村上隆風格的塑膠花，非常詭異但是很潮。

以上就是我第一次的元辰宮體驗，但因爲這從頭到尾都太魔幻了，相較於同時間被催眠的其他人看到的都很正常，一般的房子裡有一個守護神，花園也都很正常。

所以我覺得，催眠時我可能沒有很認眞，會不會因此而不準，因此這次聽芝芝講完這個故事後，我就覺得應該去看看元辰宮。

這個元辰宮它是在一個巷子裡面，原本我以爲會是一個超大的宮，但其實不是，是一個精巧的小廟。這個老師傅非常厲害，牆上掛有很多匾額，這些匾額上有各種達官政要的名字，同時旁邊還有各種道教的認證，甚至以前的身分證後面職業寫的竟然是道士。

他小時候因緣際會下得到了一尊玄天上帝，就開始有了通靈的能力，從小就幫大家問神，人稱囝仔仙，後來就一路成爲了現代的宮廟。

目前是第二代女兒接手，所以問事的時候，基本上是他女兒在幫我們看，那問事的手法跟催眠完全不一樣。

首先先點香，跟神明說你來了，接著你就是會坐在一個神明桌前面，在這個前面，她開始問神明指示，幫你看你的元辰宮，然後說你的房子如何、房間如何、臥室如何等等。

芝芝那天還帶了其他朋友，基於禮貌，就讓他朋友先看，畢竟我是臨時約的。他一坐下來，神明就直接說，他的元辰宮只有一根柱子，現在時運不濟，所以容易招小人，原因就是他沒有房子，無法防守，所以這些壞蛋走過來就能攻擊他。

因爲他沒有房子，所以補運也沒有太多的能力，也很難說要催財什麼，所以只能透過祈福的方式，希望趕快把房子蓋起來，來避開小人的侵擾。

而這個時運不濟，是因爲前世是一個軍師，得罪不少人，所以今天才有這種狀態。

後來換芝芝來問，芝芝前世是印度的公主，的確芝芝是長得蠻像印度人的，所以這個很準。再來就是常態維護芝芝的元辰宮，水有點少要加一點，米好像不太夠，補一下，讓他的財運事業更順。

接下來就到我了！我好緊張，究竟這一次會不會又看到米奇妙妙屋呢？

我先說我也想知道前世，他就說我前世是一個全眞教相關的修行者，我嚇死了，因爲我根本沒有跟他講到全眞教，竟然能說出相關的名字，眞的好厲害！

後來他就問我做什麼的，因爲我的房子很特別，我說我是一個算命師，他說，難怪我的房子整體來說是三角扇形的，然後在這個屋子裡面也有掛扇子，都是代表修行的表現。

他又問我，我是不是很懶。

哇！這都知道？他說我家沒有樓梯，只有電梯，這就是一個懶的表現。

接著他說我做的工作除了算命是不是還有別的，我說有點偏科技ＡＩ。

他就說，難怪你家都是非常高科技的，房子也是現代的，大家一般廚房都是灶，但我的就是瓦斯爐。

而且燈什麼都是電器的，厲害吧！

再來他講到一個更厲害的東西，跟我說我外面有個大花園，花朵代表貴人，有男的、女的各三百個貴人，而且都還沒有開，哇！我是很知恩惜福的，一直以來我都覺得我貴人超多，沒想到竟然都還沒有出現！

另外，六百朵花這個已經是大安森林公園的概念，超大！

所以我的貴人應該就是讀者大大您們了，希望至少能賣六百本，哈——

以上就是我的體驗，我覺得應該算是很準的，因爲雖然不是米奇妙妙屋，但是很多場景跟上次催眠前世還是有像，眞的是挺有趣的，如果有興趣的同學，可以去體驗一下，如果你有遇到一些困境，也可以嘗試用這方法看看喔！

姻緣/桃花（臥室）

守護神（神像）

近期運勢（房屋外觀）

看到自己（人物）

元辰宮運勢對照圖

本命（客廳）

財運（米缸）

健康/子嗣/桃花（花園）

事業（廚房瓦斯爐）

少年想跟你說

Oriental Numerology

⑴ 我的元辰宮是迪士尼風格。

⑵ 元辰宮有問神版跟催眠版。

⑶ 前世跟今生的興趣真的會有關。

⑷ 希望此書可以賣六百本。

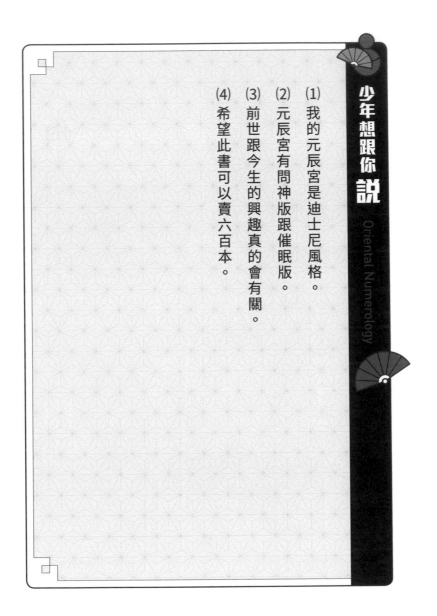

手相入門的科普知識

今天要來分享手相這件事，讀者朋友們應該都是非常好奇自己的手相，畢竟這些紋路很明顯，比面相容易分辨，而且以前常常講說要追女生就要會看手相，所以很多男生都會學個一兩招，的確手相也是入門相對容易的一個技術。

手相的邏輯是什麼呢？有人問我手紋會變，那手相還準嗎？其實手的主線是不太會變的，什麼是主線呢？我們先科普一下，主線分三條：

天紋：感情線

人紋：智慧線

地紋：生命線

這三條線基本上形狀是不會有太大的改變，這就是爲什麼手掌辨識還是有一定準確性的原因，但是後面的細紋或是尾端的確會容易有一些變化。

再來很多人會問我，這個手紋是

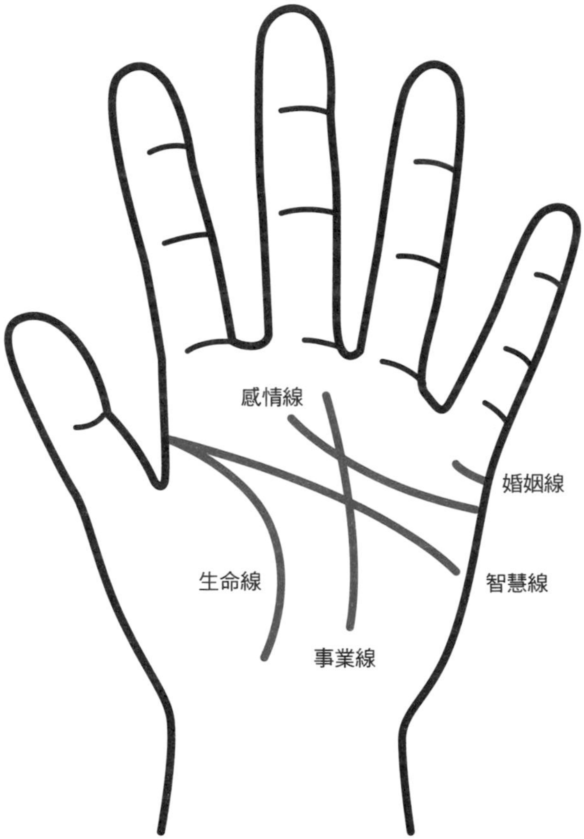

不是代表要發財了，這手紋是不是代表我生病了，或是要倒大楣了？

其實手相知識的傳遞上一直以來西方人是比東方人強的，老外在很多手相的細節上，如大家現在常常聽到的，金星丘、水星丘、火星丘，感情線，生命線……這些都是老外的名詞。

在東方手相往往只是面相的輔助，但老外他們看得非常的細，還可以追溯到老外中世紀時候的圖片——發現老外是看手相的。而中國古代，手都是收在我們的袖子裡，也不會隨便把手給其他人看，我們也沒有見面就握手的習慣。

雖然中國手相也有長處，但是因爲台灣最主流的相學還是基於「瀟湘相法」，那就相法的整個延展部分，留下的都是相師而不是掌師，所以手掌紋的知識深度跟含量，相對於面相，就沒有那麼的多。

因此手相還有非常多未知的東西沒有去解開來，但是手相的確是可以看到很多的細節，同時間也代表這個人曾經發生過的事情，舉例來說，像我們在看所謂的「結婚時間」，看手就比看臉的速度快很多，而且準確度也很高。

另外一個部分，如果你在手上面去研究，例如說你要看出來，所謂的「雙姓祖先」，他可能有另外一個爸爸或是另外一個媽媽等等，手上都是有機會去看出這件事情的，但是面相上面相對沒有那麼容易。

在中國有一個非常有名的老師，他整理手相的照片之後，發現絕大部分我們看到的「手掌紋」，基本上來說，都是一種「身體負面狀態的反射」。

而這種負面狀態，它對於事業可能有所幫助，舉例來說，我們一般在中國手相就說事業線越深的人，事業上越強，但後來他研究發現，事業線其實是跟肺有關，如果常常伏案壓迫到肺，就會有事業線。某一個在中國的村莊，他們的事業線都非常深，可是事業並沒有很好，原因是因為他們住的房子都比較矮，所以他們很常彎腰窩在他們的家中，然後他們在家中的時候就類似於我們在讀書的時候，坐在書桌前，這樣子彎腰壓著，那當有這個行為時就壓迫到了肺，所以他們的肺就不好，事業線就長出來了。

所以他推論出，為什麼這叫事業線，其實是因為古人裡面，大部分農夫不用伏案，可以讀書的人比較少，而讀書人就常伏案，就會壓到肺，那自然就有事業線。

那現代人的話，邏輯上也成立，所以現代人來看也還是準的。因爲如果你長時間工作，也是要一直伏案，但現在伏案的人應該比以前多就是了。

所以後來我就得出一個想法，就是「榮華富貴都是病」。

手相上所謂的富貴，所謂的好，其實都是某種負面狀態，只是它產生的過程是跟這個人的事業成就或財富是有關的，所以到最後就會形成一個狀態，你會發現說，高血壓如果兼具肺不好，就有機會是生意做很大的。

所以在手相上面大家要很注意，任何的紋路多出來時，不要欣喜若狂自己要發財了，而是要去想自己的身體是不是出了什麼問題？

再來這個紋路很多，到底要怎麼看？那先來講一下「感情線」，跟大家簡單科普一下，感情線的標準長度，大概是由掌邊開始延伸，尾端在食指跟中指的中間的縫之間停止，最少要這麼長，這才算是正常的，感情線太長就不好，如果這個線已經超過標準，甚至是一路延伸到指縫裡，這個人就是情緒很敏感，感情會不順利，太短則是線的長度只到中指下方，這一個人在感情上面就比較難進入一段感情，因爲他比較冷淡一些，也就是常常看到的大齡單身群眾。

再來還有一個關於感情線的小知識，如果你在無名指的底下位置，感情線上這邊有個島紋，什麼叫島紋？就是一個圓圈圈，你會發現這樣的人，大部分都有高度近視。

所以這件事也印證了，這就是科學研究，近視這件事是DNA遺傳的，有的人瘋狂看電視打電動，也不會近視，有的人看一下書就近視了，這個就是所謂近視基因的影響。

有趣的是，我去看我小孩，他就有一個島紋，因爲我本身就是眼殘，高度近視，所以小孩有高度近視也是蠻合理的。

同時中醫裡面心臟跟視力都屬火，所以視力不好往往心臟也相對不好，所以這個地方有島紋的人也要格外注意心臟，四十歲以後會感覺很明顯喔！

接下來來看「智慧線」，智慧線的標準長度，大概是從大拇指和食指的中間開始，延伸至無名指跟小拇指中間的這個縫，如果長過這個標準，像是到了小拇指尾端，或是到手掌邊緣，那都屬於太長了，代表他這個人想太多會非常的憂愁。

所有的線，往上基本都是好的，往下基本都沒那麼好。所以，如果智慧線都往上，那很不錯，這個人叫做文武雙全，而且容易有特殊的智慧啟發，所以算是很好的。

如果這線太短，只到無名指下方，甚至更短，只到無名指跟中指的中間，那就是太短了，代表這個人做事會比較盲目衝動，然後心臟要很注意，容易有心臟的疾病。

再來如果智慧線有兩條，代表你有兩種專業技術，就是兩種智慧的概念，所以如果你有一些分叉，不要擔心，是個好事，但分叉一樣不能太長，如果太長，同樣代表的是，你在想法上面太過於憂慮，會容易杞人憂天。

接著是「生命線」，如果它很長，代表你的身體非常好，生命線如果偏短，那就代表你的健康，大概在五六十歲的時候，容易出比較大的狀況，不過不是你的壽命，而是跟你健康有關，但生命線是會改變的，如果有養生和好好作息，你的生命線有可能會變長，有時你的生命線內側還會再長一條細紋跟它同樣的弧度，這個叫做內生命線，那也代表你在健康上會變好。

而如果你有雙生命線這代表你容易有雙姓祖先，同時間也會非常的健康，也容易大事化小，身體就算有小病都會過去，就算有大病也容易沒事，原因就是有雙生命線，你比別人多一條命的概念。

生命線的尾端一般來說，代表內分泌的狀態，所以如果很混亂，就代表你內分泌失調很嚴重。再往下看，如果你手腕邊的青筋一路往下到你的手肘，就是整個內側的手臂有明顯青筋，一路到手肘的窩裡面，青筋都非常明顯，那就要很注意你有婦科或是男科的疾病。

以上就是關於手相的基礎小知識，大家可以回去驗證看看喔！

少年想跟你說

Oriental Numerology

(1)生命線要長要深。
(2)感情線不能太短。
(3)智慧線長度要適中。
(4)事業線跟肺有關，所有的線都是健康的反射。
(5)所有線往上都是好線。

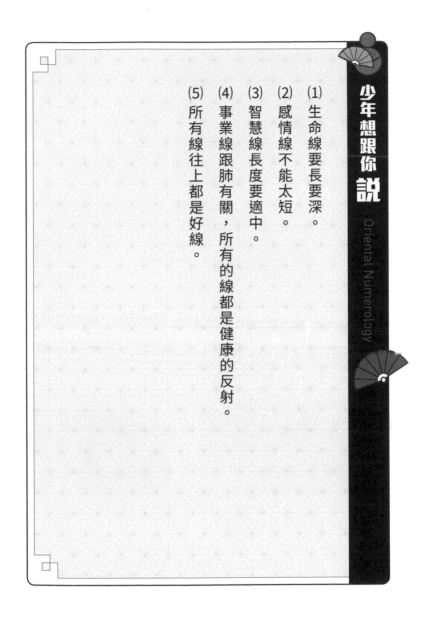

鮭魚之亂嚇死人，姓名學真的有用嗎？

姓名學到底是一個什麼樣的東西？改名字眞的可以改變命運嗎？

我們常說「一命二運三風水，四積陰德五讀書」，怎麼裡面好像沒有改名？

其實名字這東西對命運的影響，的確是存在的，因爲我看了很多案例，改名字之後命運確實有所不同，不過變好變壞這件事就是因人而異。

那姓名學的邏輯到底是怎麼成立的呢？簡單來說，其實我們人類對一件事情的認知，很大一部分是基於名字，舉例來說，你看到一個方形的盒子，你說它是垃圾桶，就會裝垃圾；你說它是裝水的，這個盒子就會拿來裝水；你說它是裝珠寶的，那就是一個珠寶盒。所以事實上，同一個物體在不同名字底下的時候，我們對於它的認知和用途就會完全不一樣。而姓名學就是代表這個名字背後的能量，不同的名字能量不同，會導致大家對他的認知和使用方式不同，進而影響他的命運。

舉前一陣子非常火的「鮭魚之亂」爲例子，這是一個什麼樣的事情呢？就是有一家著名的壽司店，說只要改名，有鮭魚這個名字的話，那就可以免費吃鮭魚，那時很多人都在討論改鮭魚這個名字，對於姓名學的影響到底是什麼？假設簡老師我改名了，下面我們就來分析一下「簡鮭魚」

姓名：

三才局
水土金
中吉

簡　竹＋12＝18 ㄐㄧㄢˇ jiǎn

鮭　魚＋6＝17 ㄍㄨㄟ guī

魚　魚＋0＝11 ㄩˊ yú

五格：

總格：	46	土	凶	坎坷不平，艱難重重，若無耐心，難望有成
人格：	35	土	吉	處事嚴謹，進退保守，學智兼具，成就非凡
地格：	28	金	凶	魚臨旱地，難逃惡運，此數大凶，不如更名
天格：	19	水	凶	成功雖早，慎防虧空，內外不和，障礙重重
外格：	12	木	凶	薄弱無力，孤立無援，外祥內苦，謀事難成

這個名字吧！

首先用最常見的筆劃派姓名學分析，我們看到這是一個很凶的名字，因爲他的天地人外總五格裡面有四格非常之凶，所以這個名字看起來的確是很不吉利。

那我們再來看生肖派，做法會是怎麼樣呢？

生肖派的做法，就是依照生肖作爲判斷，簡老師我屬兔，兔跟鮭魚兩個字好不好，首先兔喜歡有田，所以你看鮭的左邊有一個田，不錯，再來兔五行是木，所以鮭字裡面有火也還可以，但是鮭裡有兩個土，木剋土，不太合，第二個字跟感情有關，所以在感情上，明面上就會比較辛苦，但暗面上還是不錯的。所以表面上沒什麼桃花，但私底下還不錯。

再來看一下事業，要看第三個字，魚，有田有火，對兔不錯，所以事業上看起來能有很好的發展，錢也能夠賺到。

接下來還可以延伸，第二個字比較有瑕疵，因此這個人的胸口跟心肺系統會不太好，同時在他二十歲到三十歲的時候，運勢也不是很好，而三十歲以後運勢才會扶搖直上，然後一路到六十歲都是不錯的。

分析就先到這邊，以上兩種技術，是我們主流比較常見的技術。

所以改名成鮭魚，這個事情對命運有沒有負面的影響呢？其實還是因人而異，例如我們剛剛講的筆劃，如果你的姓氏剛好跟鮭魚兩個字能搓出非常好的筆劃，那你去改成鮭魚，運氣就會變好喔！

同時間你生肖跟鮭魚兩個字也非常合的話，那也有很高的概率，你改完名字之後，身體還會變健康，運氣也會變順。

還常常有人問我，到底姓名學哪一派比較準呢？

其實姓名學的矛盾是很常見的，爲什麼會這樣呢，因爲沒有完美的人，所以沒有完美的名字，例如我們都叫吳宗憲，吳宗憲的筆劃都是一樣？爲什麼沒有那麼多個憲哥？

於是這個生肖姓名學的流派就會說，因爲生肖不同，所以不一樣，但生肖派看完了，就有人會說，可是爲什麼只要看生肖，不用看月份跟日？

所以就有流派把生辰八字都拿進來，這些不同的流派，其實本身都有他的準度，因此你也很難說到底哪一個是準，哪一個是不準，我們只能從中取交集點來看，哪些是不錯的，那我們就用這個名字，不過，這裡面又有一個非常難的事情，就是這名字，你還要看得喜歡。

所以很多時候，我個人是不太幫一般客人取名字的，原因就是在於，這個挑名字的過程太煩了，可能給了一個好的名字，可是他不喜歡這個字，所以選來選去之後，他們可能就選次好的，或是相對沒有那麼好的名字。

因此，我覺得姓名學這件事情其實最麻煩的地方，倒不是說哪一個技術比較好，而是最後這個名字，你喜不喜歡，畢竟你還是要被叫的。

相對於改名，最有效果是在出生取名字的時候，因為生小孩的時候，你幫小孩取這個名字，其實就代表你對他的一種期待，而父母對他的期待，也就反射了這個父母的性格背景、價值觀和認知等等，因此這個名字的效力是最強的。

簡單來說，就是我們如果從一個新的名字去回推，命運不一定會這麼準，但從他最早的那個名字回推，一定是會相對準的。原因就是那個名子跟他的家庭背景和整個過去有很大的關聯，因此在幫小孩取名字的時候，眞的是要愼重。

那姓名學這個技術到底能準到什麼程度呢？

其實我看過的姓名學技術絕大部分都能夠算到你一個大運的時間點。也就是說大概幾歲到幾歲之間的運氣是不錯的，更厲害一點的姓名學，可以算到流年，就是你今年怎麼樣？明年怎麼樣？運氣每一年都有所不同，分別是在什麼事情上的好和壞。

而最厲害的，是在都還沒有拿到生辰八字的情況下，他就可以看到你幾月分的運氣，這是非常厲害的。因爲資料很少，如果他再加上了你出生的月分，他就可以達到非常精準的準度，所以姓名學本身在我眼中還是一個相對厲害的技術。

然後改名也眞的是有意義的，所以如果同學你眞的非常不順，或是身體健康上有一些問題，眞的也可以嘗試去改名，只是說你可能要先做點功課，這樣跟老師討論的過程，才比較知道自己改這個名字會有什麼好？什麼不好？

少年想跟你說

Oriental Numerology

(1) 簡鮭魚不太好。

(2) 筆畫派是看筆畫五行。

(3) 生肖派是看字和生肖的互動。

(4) 每一派都準，改名有用，但建議改之前先做功課。

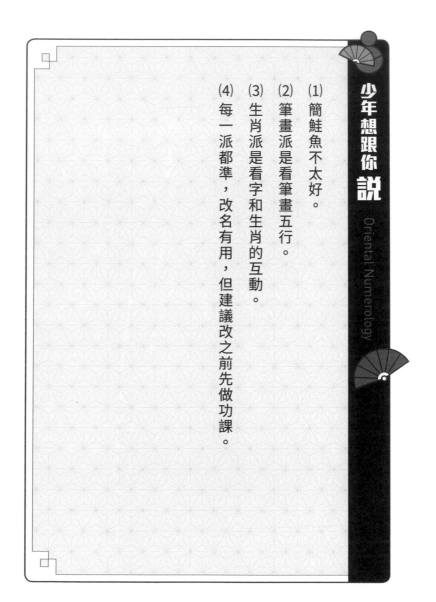

未來真的能改變嗎？

今天來聊大家很好奇的一個問題，未來眞的可以改變嗎？

前年簡老師我看了一部電影，是二〇二〇年很有名的電影，但大家都說看不太懂，其實它眞的很像是算命師的認知，所以想來跟大大分享。

先跟大家介紹一下《天能》的故事，主角是一個CIA的探員，他陰錯陽差的要阻止來自於未來的敵人，他們有一台可以逆轉時間的機器，回到過去來摧毀過去的事物。

所以整個故事都環繞著逆轉時間，然後從未來回來的概念進行延伸探討。

例如，你會看到逆轉時間倒退的人，或者是子彈是倒退的情況下，回到槍裡，而如何利用逆轉時間與正常時間的合作來達到目的，是一個非常有趣的想法。

當逆轉時間成立的時候，忽然有了一個假設，那就是已經發生的事情已經發生了，簡單來說，就是未來是註定的，可是未來又可以被逆轉時間改變，那到底是不是註定的呢？

這裡電影就提到了「祖父悖論」，如果你回到過去殺死你的祖父，就不會有你的爸爸，也就不會有你，可是如果你可以回去做這件事，是不是代表改變過去不會影響未來？

所以就延伸出了一個概念，其實每一個人只有一種未來，每一個的時間都是線性往前的，假設你改變的過去，並不是眞的改變過去，而是改變了一個你回到的過去，你只再經歷了一次過去，這個還是你認知上的時間未來。

這就是已經發生的事，已經發生了，你改變的是還沒有發生的那個過去跟未來，有一點平行時空的概念。

我們未來可能已經被決定好了。可是我們中間好像看似有很多的可能性，但這個可能性卻也好像是被註定了，這裡就牽扯到，未來到底可不可以被改變？在這部片裡面，感覺是宿命論的。

因爲主角到最後才發現原來他自己遇到隊友的時候，其實隊友都已經知道未來發生了什麼事，只是來把它給完成，創造新的未來。

新的未來也就是平行宇宙的誕生，因爲舊的未來還在前進者，只是你現在的認知處於新的未來上，每個不同的選擇，其實都會有一個新的宇宙誕生，然後又產生一個新的結局。

所以我們一直走向不同的未來，但是我們能做的選擇其實是很有限的，例如你今天不可能忽然間說我下一秒要去歐洲吃料理，你就瞬間移動去那裏，你只能去在你移動能力所及的地方，所以其實你的過去是會限制你未來可能性的，但中間的確是可以有所選擇。

關於命運的有限性，又牽扯到另外一部很推薦大家看的動畫。

有一個動畫叫做《命運石之門》，講的是在個人的未來之中，有命運的收束性，什麼是收束性？就是我們剛剛講的，假設你現在要選擇午餐，你可以選擇吃牛肉麵，或是吃排骨飯，但是午休過後，你還是要回去上班。

不管你中午吃什麼，最後你都得回到公司，一點半的時候繼續上工，這就叫命運的收束性，你的未來結局總是會被收在一個大概的方向裡。

可是總有一些選擇是很偏離這個未來的，如果你不斷地做其他選擇時，你可能從未來A走到了一個巨大不同的未來B，而這個關鍵性的選擇，讓你可以走向另外一個截然不同結局的，就叫做「命運石之門」。

而從佛教角度來講，之前有一位被稱爲瘋狂智慧上師「丘揚創巴」，美國香巴拉中心的創辦人，分享過一段話，大概內容講的是，其實在業力跟業力的中間是有縫隙的，那我們只要能找到這個縫隙，並且練習穿過它，我們就有機會脫離原來業力的規劃，讓我們走向全新的命運。

這個概念其實聖嚴法師也說過類似的，他認爲大家覺得佛教可能是宿命論的，因爲有前世今生和輪迴，但其實佛教是積極性的，因爲「果」還沒有發生之前，都是未知的，而人們可以透過不斷的製造新的善因來創造新的善果。

所以事實上，因果已經發生，但「果」還沒有發生，是你還沒有在你的意識裡面認知到它，你還沒有經歷這個平行宇宙，最後發生的那個時間點還沒有出現，所以在這之前，你都有機會做很多很多的善事，來讓你從A結局，走向更好的結局。

那你說，這樣子是不是在紫微斗數上就算不準，的確是沒錯。因爲紫微斗數裡面算的是一種狀態，它算的不是一個事實。

舉例來說，我有感情困難是一個狀態，我離婚是一個事實，我忍耐我另外一半是個痛苦，我離婚也是個痛苦。紫微斗數可以看出來，這個人在這個時刻，他的感情有一個很大的痛苦，可是痛苦不一定等於離婚，在明朝紫微斗數被發明的時代，哪有什麼離婚，但是離婚在現代則相對容易，所以痛苦的狀態是一樣的，但是出現的事實卻不同。

而生活中有沒有眞實案例呢？其實有非常多，最簡單講就是當你篤信某個宗教的時候，你就可能因爲這個宗教選擇一個全新偏好的人生，這種偏好不存在於你父母給你的價値觀，不存在於你過去的經驗，舉例來說，佛教吃素、基督教不能離婚，都是這樣的一個類型。

我看過很多基督徒夫妻宮超級爛，但是最後也沒有離婚，或是看過很多人嫁給外國人，他夫妻宮很差，有大量溝通不良，可是他也沒有離婚，因爲需要說很大量的異國語言本來就是溝通不良的一種。還有很多人，本來要得某種心血管疾病，但因爲吃素了，所以這個病就大事化小了，這個就是逆天改命的關鍵，你透過不同的偏好選擇，自然你就有機會走向一個全新的命運。

那道教的邏輯像少年我就是追尋修仙，我命由我不由天，修仙邏輯就是我們在追尋一種境界，讓我們的身體可以超越人類目前科學認知的極限。

其中有一個部分是意識認知的修練，讓我們今天不會被我們的情緒，劫持了我的認知，而是我們可以很客觀、平靜的看待外物。

所以當應該很倒楣的時候，我可能就不容易倒楣，原因是我至少能在我的環節上控制了我自己的情緒和認知，我是這個倒楣事件成因的關鍵因子，我把我自己抽出來，我是平靜的，就能安然地度過很多的問題。

很多人認爲這是忍耐或是壓抑，在我來說並沒有忍耐跟壓抑，只是一種認知上的選擇，甚至修煉到最後，仙人們可以隨意控制自己的意識狀態，你的命運可能就會產生很大的改變，原因是因爲你不受過去業力的牽引，你脫離了之後，就能優游自在，與道合一，與天道的循環並行，那這時候，就會達到眞正的自由。

因此，命運的確是可以改變，只要你大量的行善積德，並且不斷的認知到業力的存在，去找到那個縫隙，穿過業力的限制，你就能改變你命運。我命由我不由天！

少年想跟你說

Oriental Numerology

(1) 發生的事情已經發生了。

(2) 命運是有限的，但可以透過造善因來達到善果。

(3) 算命算的是狀態，不是事實。

(4) 宗教可以有效改變偏好，進而改變未來。

(5) 其實一切都是認知的，只要改變認知，就能改變命運。

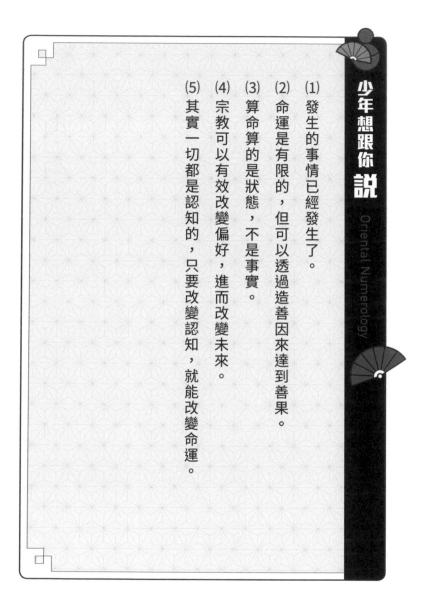

命中怎麼看能不能投資？

常常有人問我，「老師，我會不會發財？」「有沒有可能財富自由？」

我想大家所謂的發財，應該都是想要有偏財運，不過正財跟偏財運到底要怎麼分呢？如果是正常上班的財，那就是「正財」，但如果是那種不勞而獲的，就是「偏財」。

那每天鑽研股票算是所謂的正財嗎？假如你每天都早上八點一路鑽研到晚上八點，那的確可以算是正財，但是你偶爾買一點，聽明牌才買，那這就叫做偏財。

那一個人在高風險投資上會不會有巨額的獲利，一般要看哪最準呢？

其實要看的地方是「後腦杓」，爲什麼這樣講呢？面相上面可以看到你祖先的狀態，一般來說，後腦跟祖上的爺爺奶奶，甚至是曾祖父之間的關聯性比較大，因爲關聯性比較大，所以你買股票隨便買隨便賺，我們就稱呼這是「祖上積德」，畢竟買股票這件事，如果你沒有認眞做功課，那基本上跟賭是沒有兩樣的，能夠大發，那一定是祖上積德。

祖上積德到底要怎麼看呢？就是你本身後腦很圓，側面看起來就像一個問號，但大部分人的後腦都很平，像是驚嘆號。因此如果你的後腦屬於問號型的人，那你就很適合做風險高的一些投資。

如果是沒有這種後腦，那什麼時候可以做投資？這時候就跟臉上的氣色有關，投資這件事情跟「鼻翼」有關，男生的右鼻翼和女生的左鼻翼跟偏財有關，所以如果對應的部位有發亮，比起整個臉亮很多，就代表你最近很適合做偏財的投資。

同時間這鼻頭也代表財帛宮，所以如果你鼻頭很亮，那也是有機會賺錢的，只是不一定是投資，也可能是加薪。不過有一種人，他整臉看起來都超亮，那就是富貴之人，因爲整臉都很亮，代表運氣極佳，做什麼賺什麼！

再來有人問，投資房子跟股票是一樣的嗎？其實不太一樣，因爲炒股代表的是現金跟整個財帛宮的影響，買房這件事通常跟田宅宮比較有關，那田宅看哪裡呢？我們臉上可以分成上、中、下田宅，那上田宅是在「上眼瞼」的部分，就是很多女生去整容的時候，會把上眼瞼抽掉，讓自己看起來不要上眼瞼肥肥的，但是上眼瞼越飽滿就越容易在三十歲前擁有房產，之前我遇過一個朋友就是這樣，父親是地產大亨，她一創業就有十五億的地產資金可以運用，她的上眼瞼就是非常的厚，所以如果你發現一個人上眼瞼很厚，基本上他一定有不錯的田產。

如果一路走到中年，比的是「蘋果肌」，蘋果肌大的人，顴骨越飽滿的人，他在四十五歲後，他的這個房產就越多，這就是中田宅。

然後五十歲後再往下，如果你的「下巴」很寬很飽滿，那就是五十歲之後房產容易比較多，這個就叫做大田宅，因爲越晚你的基業體量是越大的。

那有很多女生做醫美，變瘦了，所以就沒有房子了嗎？

其實不會，因爲醫美的時候，基本不會瘦到背，背很厚，就會很有福氣，但怎麼樣子算是厚呢？就是你拍你脖子後面，頸椎跟背接觸的地方，這一段你怎麼拍都拍不到骨頭，就代表你的背很厚，但如果你拍都沒有肉，只有骨頭，那就是背很薄。

背厚很有福，邏輯上跟我們剛剛講的祖上積德是有點像的，只是背的祖上更遠，可能已經到了曾曾祖父那一輩去了。

另外還有一個常見問題，那就是我什麼時候能退休？我什麼時候能財富自由？大家想退休，是覺得自己現在很勞碌，很累想休息。但事實上很多人的勞碌是自找的，所以我最常回答的答案就是：「你不會退休啦！」因爲很多人的面相是因焦慮而工作的，只要沒有解決這個焦慮，自然很難退休。

而這個焦慮勞碌的面相看哪呢？看「耳垂」最準。

如果你的耳垂很小，或幾乎沒有耳垂。老實說，你就是一個不會退休的人，就算你退也不會休，你會把你的生命力量全部奉獻於自己的興趣，或是貢獻社會，因爲你就是一個「爽不動」的人，一躺就焦慮跳起來。

如果你的臉屬於說這個比較尖窄的人，不是很圓潤的人，你也不會退休，原因也是焦慮，在很多事情上，不會說賺了很多錢，就想好好休息，決定要退下來。

所以能不能退休，我覺得更多是心態問題，倒不是財富問題，你能不能放過你自己，然後讓你自己好好休息，這才是退休跟財富自由的一個關鍵。

獲取財富容易與否，基本上都還是跟「福德」有關。

假設你的背很薄，或是沒有耳垂，其實不代表你不會成功，而是有可能你很成功，可是每天工作還是十五個小時、二十個小時，然後都沒有時間花錢。

這樣也還是福薄的表現，因爲沒爽到。因此我們今天討論面相上是不是會勞碌，並不代表說你不會成功，而是說，你成功之後到底會不會休息？那這就是大家可以從面相上面自己去判斷了。

那如果沒有這個命，去拜拜求神明，會有機會嗎？

神明都很慈悲的，所以都會給大家一條路，不過要跟大家講的是，你想要有求必應，到底憑什麼要給你呢？總要有個理由對吧！例如你對這世界很有貢獻？還是你做了很多善事？那如果都沒有，你不斷地破壞這個世界，你也不回饋這個社會，那你求的爲什麼要給你？所以凡事還是要從平時行善積德做起。

如果你希望透過拜拜的方式求財，那我覺得你要先付出，不管是捐錢，或是說行善都是第一個關鍵，因爲你所做的一切，其實都是在你的福德帳戶裡面運轉，如果你沒有積累的話，你怎麼求都是很有限的。

因此就算你有可以發財的面相，還是要常常行善積德，把這個福傳下去，如果你眞的賺到了錢，一樣要捐出來幫助社會，這樣子世界才會更好，然後你也才會過得更加的順遂，達到一個善的循環。

以上就是分享關於投資的面相。希望大家都能發大財！財富自由！

少年想跟你說

Oriental Numerology

(1) 高風險投資看後腦。

(2) 鼻頭、鼻翼飽滿就有財。

(3) 上眼瞼、顴骨、下巴，掌管青、中、晚年的田宅運。

(4) 背薄、沒耳垂，勞碌。

(5) 行善積德求財神，才有用。

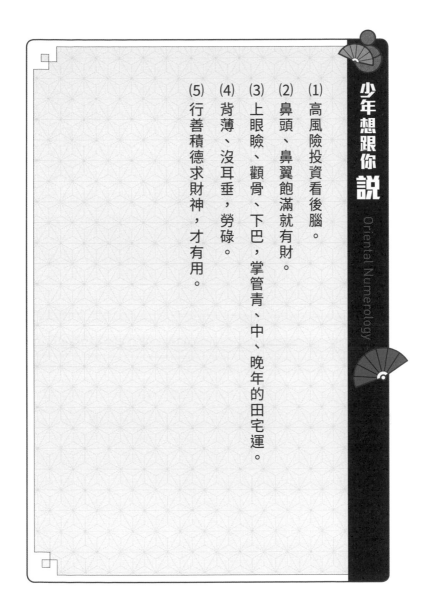

要好運心要靜

我很喜歡看成功學的書，想從中去理解一些面相跟紫微斗數上面，對於成功命運的邏輯。

找出他們爲什麼成功，而這個面相又爲他帶來了什麼樣的個性，讓我們面相比較一般或是面相不好的人，看能不能透過後天的學習，讓自己過得更好，更容易取得成功。

在研究成功學的時候，我對於一本經典成功學的書籍充滿了震撼，那本書叫做《心靜致富》。

《心靜致富》這本書，它是一個非常有名的成功學家拿破崙．希爾所撰寫的，他在一生之中訪問了美國大大小小的成功企業家，針對成功做了非常深刻的研究，他最早出的書是《思考致富》，獲得很大的迴響，讓大家對於成功有了體系化的認識。

後來在他老年的時候，他去總結他這一輩子看過成功的人，經歷過時間的沉澱，發現其實眞正會讓他們成功的關鍵是「心靜」。

所以他就出了這本《心靜致富》，告訴我們除了常見的那種成功特質，像樂觀、積極、上進、勤奮等等，「心靜」才是眞正讓成功者屹立不搖的關鍵。

這個點在面相學來看，其實是不謀而合。原因是我們在討論所謂的富貴面相時，你會看到幾個有趣的特徵，第一個是我們認爲「耳朵」很重要，耳朵越大愈硬的人，他成功概率越高，因爲耳朵代表的是腎，這個人的腎能力越好，代表這個人相對的平靜，而如果耳朵又大又圓，那麼這個人的一到十四歲，也會過得更加幸福與快樂。

很多心理學家說：「兒時的幸福會影響一生，兒時的陰影可能會成爲一輩子的傷害。」所以一個耳朵長得很好的孩子，他在兒時會受到很多的照顧，而且他的腎很好，腎在整個面相學裡面主導安全感，因此他的安全感足夠，在這個情況下，他就比別人容易取得成功，因爲他很有安全感，勇於冒險，不會慌張，不容易被心魔打敗。

另外一個點來看，面相學裡面會認爲「眉毛」中間不能連起來，兩眉之間要開，眉毛開的話，代表印堂就開闊，印堂開闊在面相學裡面代表的是樂觀，一個印堂越開闊的人，他對於大部分的事情越容易看得開，今天如果你孩子，印堂有三指寬，基本上，這個小孩一定是一個容易成功的孩子，對應成功學來看，樂觀也是成功一個非常重要的關鍵。

再來眉毛除了要開闊，最好還要高，眉眼距離要遠一些，古書稱之爲眉高居額，簡單來說，就是你的眉毛跟眼睛之間的距離，要可以放入兩根手指以上，就符合標準。

那這樣的人特色是什麼呢？是超乎常人的冷靜，非常善於謀劃，不容易急躁，他做任何事情都三思而後行，也因爲這樣，所以他的貴人會非常多。

我們談論一個人要早發的時候，就是要符合這些特質，耳朵夠大，印堂開闊，眉毛夠高，三十歲前就能取得很好的成就。

之前我跟一些投資名師聊天時，投資成功的關鍵到底是什麼？他說：「其實就是找到一個賺錢的公司，並且相信它會變好，做到持續性的買進。」那這個聽起來，有點像巴菲特的原則，就是去持有一家好公司股票，並把時間放長，你就會得到好處，但是這麼簡單的一個邏輯，為什麼很多人做不到呢？他就說：「因為心臟不夠大顆，大部分的人看到股票跌就想跑，看到股票漲也想跑。」所以心態不夠好的時候，你很難達到投資上的成功，原因是你沒有辦法做到紀律。

而這些投資名師的眉毛都很淡，眉毛淡其實也是冷靜的表現，所以還是回到心靜。

面相學在看一個人晚年運氣的時候，會看「下巴」，一個下巴寬闊的人，晚年運氣更好，財富也更好。反過來我們覺得晚年不好的面相就是下巴很尖小，這樣的人容易焦躁，做事情不容易面面俱到，包容心不夠，靜不下來，所以晚年很難守成，沒辦法把事業做得非常大。

所以還是在談論一個人的心到底靜不靜，同時就會發現，原來人會倒楣，很多時候就是急躁，心不夠靜。

因此「心靜」這件事，其實是讓你在一個對的時間，可以做出最正確的判斷，並且具有耐心和等待的能力，對於長線價值的一種信任，就像巴菲特所說的，所有人都可以變有錢，只是他們不願意慢慢變有錢而已。

我認爲在面相學邏輯裡面，也是在強調這件事，就是你應該去做的是眞正有價值、長遠的事，十年、二十年後會變好的事情，而不是去做一個你明天就會爆發，可能後年你就可以退休的事情，原因是當你有對於長期價值的理解，並且眞正的平靜，往前追求時，你就會獲得巨大的成功。

我們從面相學和成功學經典裡面，都可以看到的一些成功的方法。當然《心靜致富》裡面還有非常多細節的討論，包含說他觀察到這些樂觀的、有執行力的、正面思考的或是心靜的案例非常多，許多企業家不約而同的去做某件事。

例如有一段是講關於性的能量，如果一個人過度投入在性上，他的能量會減弱，就很難在事業上獲取長久的成功，這個其實也還是回到心靜的層面，一個一直被慾望所驅使的人，是很難長久穩定。

同樣的邏輯在面相學裡面也有，也就是如果這個人的面相，是一個性慾太強的面相，他的事業就很容易暴起暴落，因爲他的運勢很難穩定且持久。

因此這本書是眞的很推薦給各位，也希望更多讀者可以細細地去理解心靜的狀態，至於怎麼樣讓自己靜下來，其實有很多的方法，我常常推薦的方法就是早睡早起、清心寡慾，至於國外有一些企業家喜歡用散步的方式讓自己心靜下來，近年流行的冥想也是很好的方法，大家都可以試試喔！

少年想跟你說

Oriental Numerology

(1) 心靜才是成功關鍵。

(2) 耳朵代表兒時運氣。

(3) 眉心代表人看得開不開。

(4) 眉毛越淡越冷靜。

(5) 下巴越寬，晚年越好。

(6) 不要讓性耽誤了事業。

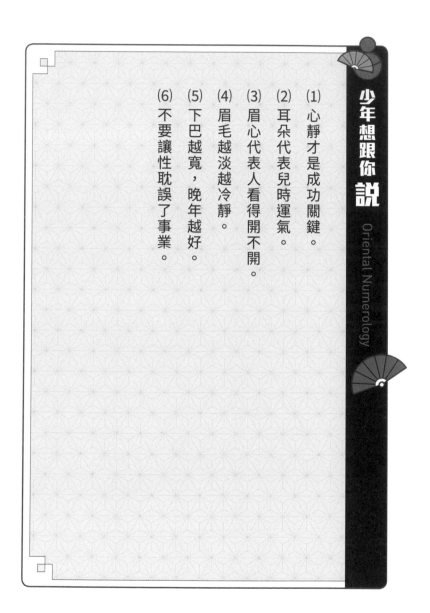

臉一亮運就開

怎麼樣快速分辨一個人運氣好不好？其實蠻簡單的，就是直接看他臉有沒有容光煥發，那是不是代表皮膚好就是運氣好？的確皮膚好相對不容易倒楣，不過運氣好不只是要皮膚好，還要紅潤發亮。

而且紅潤的地方不一樣，代表的好事也不同，舉例來說，如果你想要最近事業運很順，那你的額頭就要很亮，這也就是爲什麼很多老人家會說，一定要把額頭露出來，這樣事業運才會比較好。

額頭是事業宮，如果你長期用頭髮遮住你的額頭，他就會出現一個問題，你額頭就容易長痘痘，久而久之就會讓你的事業變得比較不順，因此如果事業要好就要注意清潔。

另外財運要好，就要看財帛宮，面相上財帛宮是在鼻頭上，所以如果你的鼻頭最近很亮，那你的財運就會很不錯，但是如果你鼻頭長痘痘，那就變成說你最近財運不是很好，所以要盡可能的，讓自己的鼻子乾乾淨淨的，自然你的財運就會比較好。

接著來聊桃花運，你要遇到一個好的對象，很關鍵是和臥蠶有關，一個人的臥蠶可以預測他遇到的對象，如果他的臥蠶一直維持在一個相對比較青暗，有點發紫，甚至黑眼圈很深的情況，那其實他在桃花上的品質就比較差，不容易遇到非常好的一個對象。

健康運則是跟鼻樑有關，如果鼻樑一直是有點暗的，有點發青，就代表你的身體狀況不太好，有可能是快要感冒了，或是過度勞累，傷到了肝，所以要盡量讓自己的鼻樑保持比較亮的狀態，這樣的話，會比較健康。

同時也很常有人說要求子，求子要看臥蠶跟人中，如果你的臥蠶跟人中的都是比較亮的，那基本上生小孩就相對是順產，那如果你的臥蠶跟人中都比較暗，那你就要找好一點醫院，因爲你生的過程中可能會比較辛苦。

在面相學邏輯裡面，整個臉的氣色要好，就是要亮。臉亮，絕大部分你的問題都不會造成太大的困難，所以我們常在講這個命好不如運好，運好就是氣色要好，臉不亮的原因就是因爲你內心不夠寧靜。

我們前面的主題講到，寧靜可以爲你創造很大的成功。同樣在面相學裡面，如果你的心很寧靜，就會讓你整個臉是比較亮的。所以我們才講說，心清則氣清，如果你的心清靜，你的氣就會很乾淨，氣乾淨了，自然人就會比較容光煥發。

所以如果要改善臉不亮的問題，很重要的就是記得先把家裡的環境收拾乾淨，如果你先把家裡整理乾淨，同時再把自己的壓力來源給釐清，不要讓自己莫名的恐慌影響心境，你的氣色就會慢慢轉好。

而運動也能達到同樣的一個效果，原因是你眞的可以在過程中擺脫煩惱，讓你的交感神經恢復，增強睡眠品質，第二點是可以擺脫壓力，讓心情變好，自然就容易心靜。另外打坐、念經其實也是一種把心靜下來的方法，都是有助於氣色變好。

不過，在我們談臉變亮的時候，很多人會想說，我真的沒有辦法靜下來，我現在怎麼做事情都沒有辦法變好，那怎麼辦？其實在這裡有一個很大的關鍵，我們來想象倒楣這件事情其實有點像是溺水，就是你已經感覺自己快淹死了。

然後你會用很多的方法不斷的掙扎，你會想要加班，需要更多時間工作，然後無止盡的去追尋更多的學習，或是去往外求很多的東西，但是事實上，當你溺水時，你用力就會往下沉得更快，你如果沒有放鬆，旁邊人也幫不了你，一幫你還會一起被拉下去。所以當你倒楣，覺得小人特別多，你更應該把自己放鬆，你要告訴自己，現在就只是一個過度期，過一陣子就會好，然後開始放鬆自己，擁抱自己，貴人就會出現，旁邊的人看你很穩定的時候，就會知道怎麼樣來幫助你，怎麼樣來靠近你，所以溺水時候最好就是水母飄，讓自己靜下來，然後浮起來，不要緊張。

同樣運氣倒楣的時候，也是一模一樣，要做的事情就是放鬆，停下來，好好想一想，自己現在在什麼狀態，應該要怎麼做，然後不要急躁，一步一步的把事情給完成，其實我們去看運動比賽也一樣，眞正贏到最後的選手，一定是心不慌的人，心一旦亂了，就會露出破綻，一旦有了破綻，對手就會得分，最後就會輸掉一場比賽，事實上，人生是很漫長的一個過程，考驗的就是如何能在這之中一直保持平靜。

再來我們看一些大老闆，他們的臉一直都很亮，因爲他見過大風大浪，很多事情在他們眼中，其實都不是那麼的重要，也很難去左右他們內心的狀態，所以他的眼神會很寧靜，這就會讓他們整個臉的氣色都非常好，因爲他們非常非常的寧靜，也因爲這樣子，他做很多決策的時候，就相對容易正確，正確決策就帶來正確的結果，正確的結果就會讓人生有正面效益，帶來更多優勢，他就會事半功倍。

反之，如果你大部分時候都是勞多獲少，甚至是勞而不獲，那這樣的人臉就很難亮去哪裡了，因爲他們內心的不平衡感很強，這個焦躁就很難讓他平靜。但是如果重新去思考，把該做的步驟做對，很寧靜地去慢慢調整生活，從勞多獲少變成有勞有獲，這時候整個氣色也會慢慢變好，因爲專注在一個變好的路上，並且你眞的在變好，你內心就會很寧靜，這時候你就眞正能達到一個正向循環，你的運氣會越來愈好，健康也會越來越好。其實整個面相上面的邏輯，都是在探討我們做人的一個道理，就是你內心是否寧靜且穩定，如果你能夠做到，這自然運氣就會很好。

所以下次倒楣的時候，不要驚慌，記得保持冷靜，想想溺水時該怎麼做，保持平靜，很快運氣就會回來了喔！

少年想跟你說

Oriental Numerology

(1) 額頭——事業宮，長痘事業不順。

(2) 鼻頭——財帛宮，長痘破財。

(3) 臥蠶——桃花運，紫暗爛桃花。

(4) 鼻樑——疾厄宮，發青要生病。

(5) 人中——生小孩，發暗生孩子不順。

(6) 無論哪裡，發亮就是好運！

(7) 不亮就是不平靜，人心一靜臉就亮！

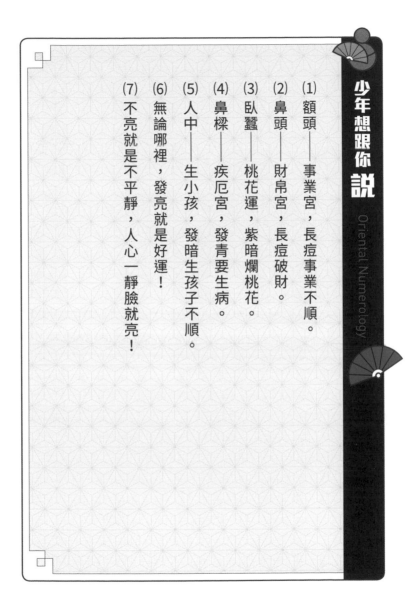

與健康息息相關的毛相學

今天要來跟大家聊聊，毛相學！

其實不用看臉，毛髮就會知道非常多的訊息，當然臉上的還是最重要，也就是眉毛啦！

眉毛代表一個人的內分泌，如果一個人眉毛長得不好，其實在人生容易有致命性的毀滅，原因就是如果一個人內分泌長期失調，性格上就容易很古怪，甚至會過度衝動，就容易有很多是非。

首先最容易看出來的眉毛問題就是「眉毛離眼睛太近」，眉毛這東西要離眼睛越遠越好，不管是眉頭還是眉尾都是，一個人只要眉毛離眼睛太近，就容易衝動誤事，正所謂衝動就是魔鬼啊！一個人衝動，投資容易買在高點賣在低點，感情容易愛上不應該愛的人，吵架時容易失控，創業容易沒想清楚，上班容易跟老闆鬧翻，還常常貴人變仇人，所以衝動眞的是大忌。

反之，一個人眉毛離眼睛越遠，這個人就越冷靜，想事情往往可以三思而後行，投資容易遵守紀律，感情上知道如何收放，吵架時可以冷靜下來，創業知道何時出手，上班了解老闆的需求，貴人無數，老謀深算，就如同 LinkedIn 的創辦人所說，如果有一個超能力，他希望有無限的耐心。

除了眉毛的遠近，「眉毛的濃淡」也是影響冷靜與否的一個重點，大家常常聽到，眉毛淡的人很無情，而帥哥都是濃眉大眼，其實是眉毛淡的人比較冷靜，眉毛越淡，代表這個人對於人事物的判斷，就越能不帶感情的去思考，隨時隨地計算自己最佳的選擇，所以如果一個人眉毛一旦很淡，自然能夠比較平順的開展自己的事業，就是因爲他知道什麼時候出手才是對的，之前我在教面相的時候，實習課就會帶學生們到金融街，那裏都是做金融工作的好手，我們會站在角落分析路過的人們，這時候就會發現，這些富貴之人的眉毛都好淡，但要特別注意，這種淡不是沒有長毛，而是很淡但是都有長毛，這樣的人，因爲性格異常的冷靜，自然能夠在起起伏伏的股海裡面，保持冷靜，獲得很好的報酬。

反之，眉毛濃的人，性格比較濃烈，在投資或是做事的時候就比較衝動，自然就不適合在投資領域徜徉，當然隨著年齡的增長，可以訓練自己冷靜以對，但這樣逆著的個性，就需要花比較大的力氣來克服自身的缺點。

那難道濃眉或是眉眼近就沒有好處嗎？有的，那就是——帥！

因爲這樣的人比較有個性，臉部結構看起來也比較性格，如果再配上一個大眼睛，往往電的異性不要不要的，而且他們的性格也是十分浪漫的，做事情也灑脫，不會每一件事情都精於算計，還常常幫人幫到遍體鱗傷，但還是奮不顧身的爲愛奉獻，所以會有烈火般的激情，但如果這個激情失控了，就容易成爲致命的吸引力，大家一定要自己判斷，不可不慎啊！

而相書裡面，有個致命的名詞叫做「六害眉」！古書寫如果有六害眉，這個人就會傷官敗業，大刑六親，那爲什麼呢？經過我的研究後，發現其實所謂的六害眉，就是在內分泌上過度異常，導致這個人性格走向極端，最後鑄成大錯。

那六害眉大概是怎麼樣的呢？其實都是很稀有的眉毛，所以一般也不容易遇到。

第一個就是「眉毛直的長」，全部的眉毛都是直的，我們一般人的眉毛應該是由眉毛往眉尾橫的長對吧！但是六害眉中，有一種就是整個直的長，這種就是非常嚴重啦！

第二個就是整個「眉毛是黃色的」，而且稀稀疏疏，一般人眉毛是黑色的，如果顏色天生不對，就是內分泌有問題，也是屬於很不好的一種。

第三個就是「眉毛完全連在一起」，像是漫畫《烏龍派出所》主角兩津勘吉這種，一般人頂多是眉心長一點點毛，如果整個眉心或是山根就像一般的眉毛一樣濃密，這個就非常不好喔！

第四個是「眉毛逆著長」，就是眉毛從眉尾往眉頭長，這個眉毛反過來，或是有一部分反過來，都是屬於大忌的一種，性格上會異於常人！

第五個是「眉毛旋轉長」，就是整個眉毛都是捲的，沒有一個方向，看起來就像是貴賓狗的捲毛眉毛一樣，這也是屬於內分泌異常的狀態，性格也會急躁易怒。

第六個是比較常見的，就是「眉毛幾乎整個貼著眼睛」，也就是我們所謂的眉壓眼，眉壓眼代表這個人比較衝動，但不一定鑄成大錯，但如果眉壓眼，眼神又兇惡的話，那這個人就必然官非纏身！

以上六種呢，只要有一種，就建議去看醫生穩定內分泌，如果有兩種，那眞的是要非常非常注意，平生只能行善，一但有惡念，很容易從小錯變成大錯，後面就會一發不可收拾！

上面說的是眉毛的部分，除了眉毛，身上還有其他的毛髮，而其中也很重要的就是頭髮。

很多人常常聽過，十個禿子九個富，所以到底是不是禿子眞的會有錢嗎？其實從古書的髮相學來看呢，這個推論是十分合理的。

因爲髮相上也認爲，如果一個人的頭髮越細，情緒就越穩定，不容易管別人的閒事，處理事情也比較有條有理，年輕時讀書也容易讀得比較順遂一些，但頭髮細的風險就是，很容易掉頭髮，所以自然在中年時就容易有早禿的一個現象。

另外一個容易禿頭的問題就是頭皮出油太多，國外科學研究，如果長期動腦，就容易有頭皮出油的問題，也是容易導致禿頭的一個原因，當然禿頭也跟睪酮素有關，一個人的睪酮素越高，就越容易有禿頭的問題發生，不過對應來說，他的競爭心也越強，運動員所用的禁藥，就常見其中。

因此十個禿子九個富，的確是有它的一個道理存在，不過這個都還是間接推論後的結果，還是要親眼看到存摺數字比較算數喔！

綜合來看，其實頭髮也是跟眉毛一樣，越細越好，越軟越好，這樣的人就比較冷靜，不容易衝動誤事，反之，頭髮濃密的人，粗硬的人，性格上就會比較血性、剛硬，對於很多事情不容易妥協，而且脾氣一般來說也會比較大，容易與人產生衝突，投資的時候也容易衝動誤事。

毛髮粗硬的朋友也不要太擔心，透過後天的修身養性，還是能夠有很大的改善，而且你們的生活也會比較多采多姿，雖然勞碌了點，但換個角度看還是很精采的。

少年想跟你說

Oriental Numerology

(1)眉毛要淡、要離眼睛遠、要長過眼尾。

(2)眉毛不可以，直的長、黃色、連在一起、逆著長、旋轉長、眉壓眼。

(3)頭髮要細、軟、黑、亮，這樣就富貴。

(4)基本上身上的毛都是這樣推論啦！

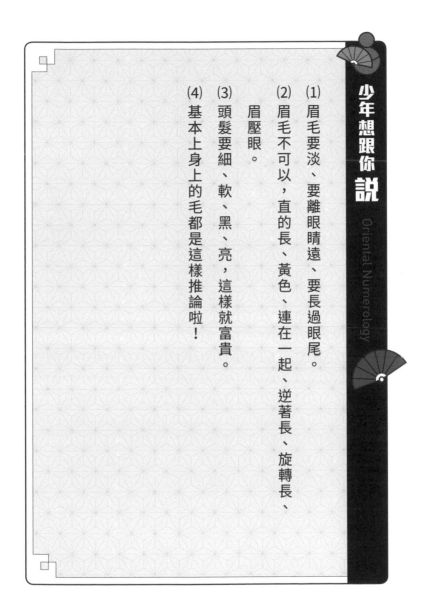

痣長在這裡是好是壞？

痣是一個很神祕的東西，面相可能只有東方人比較在意，但痣是全世界人都很在意的一個東西，你上 YouTube 一搜，就會發現，不管是印度人、中東人、歐洲人、美國人，也都很在意自己臉上跟身上的痣。

而台灣人也是如此，畢竟從小逛夜市的時候，就常常看到點痣，然後就有一張超大的圖，告訴你這個痣好不好，然後那個痣可以發財這樣。

但實際上真的有痣可以讓你發財，或是有的痣會讓你離婚嗎？

其實眞的是有影響的，我們在看面相的時候，就是在看你五臟六腑的狀態，透過那個狀態，去推演你可能有的情緒跟想法，再推演你可能會發生的事件，而中醫的邏輯認爲，基本上痣就是造成五臟瑕疵的反射，所以如果你的肝臟不好，對應的反射區就可能會長痣。

因此我們在看到妳臉上的痣時，就可以知道你身體上哪部分有問題，接著就能夠推論出你生活上遇到的問題。

舉例來說，如果你夫妻宮有一顆痣，那就代表你肝臟不好，然後在婚姻上可能有常常吵架，情緒上不穩定的問題，我們就會建議你要養肝，少發點脾氣，讓你的婚姻會變得更好一些。

那如果是長在額頭上，額頭跟父母有關，所以額頭上有痣，就要特別小心父母身體健康上的問題，同時間也會影響自己跟長輩之間的關係，額頭也代表著肺，所以容易會有咽喉跟肺之間的問題，就要多多保養，才能夠讓自己貴人多多，事業順利。

接著通常就會有人問我，那點掉會好轉嗎？

基本上不會，因爲那個是你身體裡面的瑕疵構成的，如果你點掉了，身體也不會有太大的變化，但如果你今天這個痣，是屬於視覺上很不好看的，導致你整個人比較自卑，那點掉就會比較有用，因爲那不是健康問題，而是你的心理狀態問題，所以這樣的修正就是會有改善的。

那如果照這樣說，是不是臉上的痣都是壞痣呢？其實不是，相書上還是有寫到好痣，那就是非常亮的痣，或是硃砂痣，這兩種痣都是屬於晶瑩剔透類型的痣，這種痣代表你五臟裡面對應的部分能量非常非常的強，所以有了這個發光的狀態，而這時候痣在你臉上就代表著截然不同的意義，例如你的額頭有一個超亮的痣，那這就不代表你父母身體的問題，更多會代表你父母有著傑出的事業或是德性，所以才會長出這顆痣。

之前有看過一個工作人員，就是額頭上有一個非常亮的硃砂痣，一問之下不得了，他說他父親有很多房子租給了大賣場，所以過得十分滋潤，這個就是屬於父母宮有好痣的一個狀態。

不過假設臉上的痣都是不好的，那有沒有哪些痣特別不好呢？

老實說我看了這麼多，覺得會引發現代人文明病，也就是心理疾病的痣是比較容易出大問題的，在中醫來說，腎臟代表安全感，腎臟不好，那就會容易焦慮恐慌，所以對應部位如果有痣，那可能就會不太好。

那臉上對應的部位是哪裡呢？分別是臥蠶、鼻頭這兩個地方，因爲這兩個地方都跟腎臟有關，所以如果這兩個地方，有長痣的話，就會在情緒上比較敏感，而延伸出焦慮，以及感情上一些困境，都是因爲腎臟瑕疵的沒有安全感造成的，所以我會建議這兩個地方有痣的朋友，覺得焦慮時，可以嘗試喝熱水，因爲熱水會幫助腎臟循環，就可以讓自己的焦慮感下降一些。

再來就是對於一般人來說，比較不好，會一生勞碌的痣，那就是大家常常聽過的觀音痣，觀音痣顧名思義就是如同觀音一般，大慈大悲救苦救難，觀音痣的人對於周遭的不平等會非常非常敏感，同時間對於很多事件的細節也放不開，所以很難放下周遭受苦的人，但因爲我們是人不是神，能力有限，因此這個痣就變成了一個勞碌的痣。

尤其女生有這個痣會特別辛苦，因爲有這個痣的女生母愛極強，常常容易把另外一半給寵成了一個孩子，所以會讓自己身上的重擔越來越重，而且是奮不顧身的類型，最後往往都會累垮自己。

但觀音痣的人也的確有玄學上的天分，直覺非常的強，靈感也非常強，在學習算命或是宗教上有很大的優勢，如果想朝這方面發展是非常適合的。

當然除了臉上的痣之外，身上的痣也都是有對應的意義，不過意義太過於多元，所以這邊簡單來跟大家講一下，其實痣就是代表那個地方的循環不是那麼好，因此，只要有痣的地方，裡面對應的五臟六腑獲得的營養就不是那麼的夠，隨著年紀衰老，問題就會慢慢地浮現。

所以脖子上有痣，就代表脖子不好，乳房有痣，就是乳房不好，下背部有痣，就要注意肝腎問題，這個就是一個關於痣的大原則，而手上如果有痣，那個就是關於手相上對應部位的問題，說起來就會比較複雜了。

因此臉上的痣其實可以當成是一種提醒的訊號，告訴我們說，身體上有哪些部位的確不是這麼的好，應該要多多注意和保養，同時間也讓我們理解，我們的困境其實和健康都息息相關，要好運就是要健康。

那有人會問我，後天長出來的痣也算嗎？我們有說到痣就是循環不好，所以後天長出來的痣，那就代表你那地方原本沒有太大的問題，但隨著時間操勞，開始出現了一些不好的症狀，這時候建議要做一下健康檢查，中西醫都看一下，避免錯過治療時間，希望可以大事化小，小事化無。

說了這麼多，到底要不要點掉痣呢？其實如果想點就點掉吧！不過如果去算命時，記得還是跟看相老師說一下，這樣看更準喔！

痣的位置與疾病健康

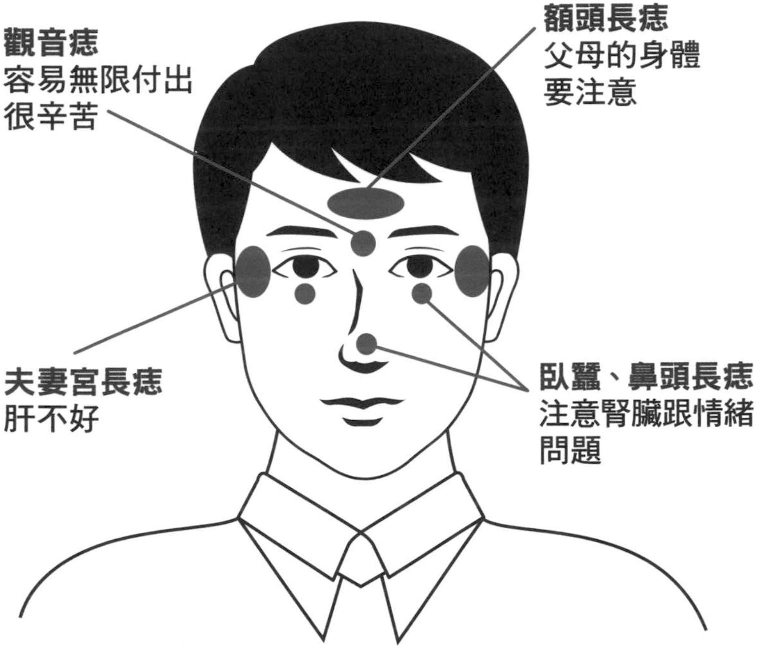

觀音痣
容易無限付出
很辛苦
額頭長痣
父母的身體
要注意
夫妻宮長痣
肝不好
臥蠶、鼻頭長痣
注意腎臟跟情緒
問題

少年想跟你說

Oriental Numerology

(1) 痣是五臟的反射。
(2) 夫妻宮長痣肝不好。
(3) 額頭長痣，父母的身體要注意。
(4) 點痣改善效果有限，養生比較有用。
(5) 非常亮的痣才是好痣。
(6) 臥蠶、鼻頭長痣，注意腎臟跟情緒問題。
(7) 觀音痣容易無限付出很辛苦。
(8) 後天長痣是健康提醒，要去看醫生。

開運小物真的能開運嗎？

開運小物眞的有用嗎？

開運小物其實範疇很廣，有各式各樣的開運小物，有玉、水晶、珍珠、硃砂、鹽燈等等，這些是比較常見的開運物品，那其中最常見的開運小物是什麼？其實是阿嬤的「玉鐲子」，以前都會說是嫁妝，或是特別留給小孩的。那玉鐲眞的有用嗎？

相信你一定聽過一些故事說，玉鐲在你遇到什麼大事的時候，或是遇到什麼壞事時，會忽然莫名其妙就裂開或者是斷掉了，結果你就因此逃過一劫。

所以感覺玉鐲本身有一個防護罩功能，但是爲什麼會有這樣子的一個功能呢？

其實我們帶在身上的所有東西，你的能量都會慢慢儲存在這裡面，儲存久了之後，它就會有一點點像是你的一個分身角色。

玉這種東西，它本身儲存能量效率很好，所以你會有很多磁場存在玉裡面，如果你家好幾代人都是有帶玉的習慣，這個能量就會跟你們家人很像，因此在你出事的時候，就有可能像是一個小替身玩偶一樣，替你擋這個煞，所以你的玉就裂掉了，它受傷了，但是你本人卻沒有事情，因此這個玉鐲本身的功能，其實是一種能量替代品的狀態，跟一般我們看到的那種水晶不太一樣。

那講到「水晶」，有非常多喜歡玄學的朋友，或喜歡身心靈的朋友，會去買很多很多的水晶，因爲靠近的時候會感覺很舒服，甚至是精神爲之一振。

這是因爲水晶本身，它的能量也是比較強的，而且不同的水晶相對就有不同的效果。例如，粉晶可以招桃花，這個是大家常常聽到的，那我們常看到的紫水晶能量也很強，可以招財，這也是我們常看到的水晶洞由來，它越大產生的能量就愈強。所以很多人家的風水局會用水晶洞來做一個風水布局，就是基於它能量的強大。

除此之外，我之前遇過一些水晶的老師，還可以聽到水晶講話。簡單來說，就是水晶會告訴他這個主人的狀況，然後給他一些趨吉避凶的建議，同時水晶還會跟他講說，對方適合不適合它，甚至他還能拿水晶來算命，原因是水晶會說出一些預知未來的內容，所以水晶確實是有能量，並且有一些靈性的表現。

之前有一些通靈的老師可以閉上眼睛，就看到你家的裝潢跟整個擺設。他們是透過水晶看過去，它會是一個非常強大的發光體，而這個發光體非常非常的亮，所以代表水晶是眞的有能量的，而這個光芒還能夠驅邪，去除家裡面不乾淨的東西，同時也不敢靠近這個光，因爲它太亮了。

其他比較常見的開運小物，如同我們剛剛講到硃砂、鹽燈之類的也都跟水晶的狀態比較像。

還有一種比較常見的就是「神獸」，例如貔貅，很多人都會想說帶著可以招財。但這一種所謂的神獸，在你開光後，的確有可能會有靈住在神獸裡面，而這個神獸也會變成有這樣的特性，但材質要注意，一般來說，如果材質越是容易有生命的，像是石頭、木頭，這種類型更容易把靈存進去，它就會具有神獸的效果，幫你招財，但是這種神獸也要好好照顧，大家都聽過一句話叫「請神容易送神難」，我常常講不要隨便請神，如果有了就要好好的照顧，然後好好的跟祂相處，甚至照風水局把祂放在一個對的地方，這樣才不會造成一些反效果。

不要本來想發財，結果卻讓你自己倒楣，原因就是因爲你沒有好好照顧，這種神獸和神明跟你的連結性都是很強的，所以一定要非常注意，如果有一隻開運的貔貅，要好好打理、照顧祂，才會爲你帶來招財的效果。

那我們剛剛講到「硃砂」的部分，寫符咒一般一定是用硃砂筆，硃砂本來就有避邪的效果。在古代的時候，硃砂還會入藥來吃，我們寫符咒時，這個硃砂寫完能量就很強，同時間再請天兵天將的效果也會非常的好。

所以一般來說，我們在家裡沒有平安符驅邪的時候，硃砂的確是一個選項，但是硃砂有點貴，而且也不是這麼好買，因此如果大家想要避邪、驅邪等等，我反而很建議用銅來化煞，例如「銅葫蘆」化煞效果就很好，放在家裡面，就有這個潔淨磁場的效果。

另外一個東西就是「護身符」，因爲去廟裡請的護身符，本身已經是屬於開光的狀態，也是比較容易達到一個避邪的效果，這種避邪其實本身也有一些開運的效果。

此外關於五行開運的小物，每個出生年分都有適合帶的裝飾品，很多人都會問是不是缺水、缺火、缺木頭等等，這個本質上來說，帶著的確是有效的，可是其實每一個人還是有細微的差距，同一年出生不代表都缺一樣的東西。

因此，如果你眞的想知道要帶什麼東西比較能開運，記得還是找你信任的算命老師，讓他幫你看一下，給你推薦在每年什麼樣的顏色跟什麼樣的開運小物會比較適合，這樣子才能夠比較準確有效，同時每個開運小物，它代表的五行可能都不一樣，從五行來看的時候，發生的事情也都會些微的不同。眞的想要開運的話，還是要諮詢專業的老師。

不過說實在的，如果你問我怎麼樣可以讓自己開運避邪。我認爲早睡早起還是最有效，所以你問我，最好開運小物是什麼？我覺得是一個可以讓你好好睡覺的枕頭，所以大家如果眞的想開運，還是先從睡好做起，然後買個好一點的枕頭吧！

少年想跟你說

Oriental Numerology

(1) 玉鐲可以儲存能量開運。

(2) 水晶自帶能量，還能拿來算命。

(3) 神獸請回家要擺對地方，不然可能有反效果。

(4) 開運小物人人不同，還是建議算過再帶。

(5) 早睡早起最開運！

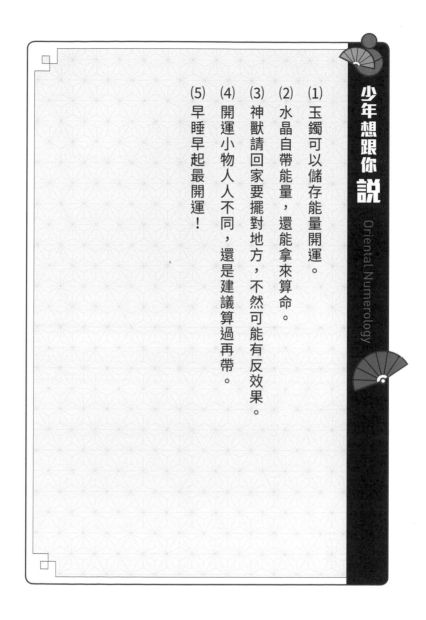

怎麼分辨「卡到陰」？

今天要來跟大家聊聊卡到陰，很多人常常會問我，「我最近是不是卡到，不然怎麼感覺諸事不順？」「我最近怎麼渾渾噩噩，是不是卡到了？」「最近我男友一直跟我吵架，是不是卡到了？」

總而言之，好像不管任何事情，都能跟卡到陰扯上關係，不過老實說，事實上卡到的人真的不少，畢竟現代人晚上不可能不出門，下班都幾點了對吧！

但卡到之後，好像錢也沒有少賺，戀愛也沒有少談，而且可能還會有一些附加的超能力，這就讓我想起我師父所說的，卡陰不太會影響你的命運，但會大幅影響你的生活品質。

實際來說，這的確是非常中肯的，還記得有一年過年，過年是算命師的旺季，大部分的人都會希望能在年底為明年來卜算一下前景，不過因為真的是太旺了，外加公司的事情也多，結果整個人算到虛脫，而且大量卜算的結果，就是打開了一道神祕的陰陽之門，我發現當我掃過一些地方時，都會清楚的看到人影，就連在親戚家中都有這樣的現象，外加晚上連續做了幾天第四層夢境等級的噩夢，我才確認，媽的，我卡到陰了！

這時就求救於我師父，後來被傳了道教的神咒，第一次念的時候感覺整個人頭痛到不行，痛完之後也非常虛弱，不過倒是睡了一個好覺，連續念了一陣子之後，不只沒有噩夢，連看到鬼的現象也沒有了。

你知道人如果沒事，就會開始自我膨脹，有感於眾生卡陰之苦，我就到廟裡跟火神說，我希望自己可以有斬妖除魔的能力，說完之後，原本以為會踏上仙劍奇俠傳之路，不過也沒有發生，倒是覺得自己日漸虛弱，尤其在算完命之後，頭暈的更加嚴重。

直到有一天，我發現家裡的馬桶上有狗腳印的印子，然後四歲的兒子也喜歡模仿小狗在我身邊繞來繞去，外加感冒到一個不行，我就請朋友幫我觀一下靈魂的狀態，他一看，就說我的靈魂旁邊有一個金葫蘆，然後裡面吸收了很多動物靈在煉化，同時還跟了很多動物想要奪走我的靈魂本源。

我心想哪裡來的葫蘆，就上網搜了一下，結果不得了，原來金葫蘆是火神的法器，所以我眞的拿到了一個除魔利器，但道行太低，只能收服一些阿貓阿狗，還搞得我自己虛弱不已，而且因爲家神不太可能把我也擋在門外，所以這些靈體就隨著我回家，跟我兒子玩成一片，但這眞的不是長久之計，所以我就回去廟裡跟神懺悔，希望等自己法力更高強一點，再來替天行道。

不過既然說卡陰的人很多，那到底要怎麼分辨呢？其實就是看兩個地方，「山根」、「虎口」。

山根在兩眼之間，如果你發現這個人的山根呈現青紫色，有點像是皮膚暗沉那樣，代表他有卡陰的徵兆，如果再檢查他的虎口，也有同樣青紫色的狀況，那就代表他眞的已經卡到陰。

這樣的人生活上一般容易覺得腦子昏沉，然後晚上睡覺時做夢連連，外加上胸悶氣短，但也會伴隨著直覺強烈，靈感連連的狀態，畢竟不是只有自己的想法在腦海裡，還有其他靈體的想法就是了。

短期來看問題不大，但長期下來因爲陽氣不足，對於身體狀況還是不太好的，所以建議如果有卡陰症狀的話，記得要多補補陽氣，這樣比較不會累積成大問題。

那一般要怎麼解決卡陰呢？我們通常建議到大廟裡面找法師幫忙念經處裡，如果情況比較複雜，也比較好問神來看怎麼調解，然後我特別推崇城隍廟，原因這是一種報警的概念，如果私下找法師處裡，都是屬於私了的一種狀況，但城隍爺本來就是掌管各種陰陽間靈體事務的神，容易了解來龍去脈，所以不管今天是要報仇還是報恩，基本上就是找城隍爺秉公處理就對了。

生活上的解決，其實就是健康規律的生活，早睡早起、穩定運動、心情平靜，這樣健康的生活也可以大幅降低卡陰的問題，因爲整個人的陽氣會越來越盛，就不容易遇到一些有的沒有。

紫微斗數上其實也能夠看到一個人是不是卡到陰，主要卡陰的星星是廉貞星，因爲廉貞代表五鬼星，所以廉貞星在命宮、身宮、福德宮、疾厄宮的人，都會比一般人與鬼更有緣分，倒不是說一定會看到鬼，而是會容易接觸到這類相關的人，然後體質也容易敏感一些。

再來除了廉貞星之外，地空、地劫星也是類似的，因爲空星代表空，也就容易跟另外一個靈界比較接近一些，所以空劫星在上面那些宮位的人，自然也就對於玄學特別的有緣分，不單是鬼而已，所有這種奇幻摸不著的，他們都容易有興趣，這種人學算命也會比一般人更快一點，因爲他們跟靈界比較近，直覺都非常準。

除了鬼以外，有沒有神的星呢？有的，天梁星就是與神比較有關的星星，天梁星在以上的宮位，天生跟神比較有緣分，如果去拜神都容易很靈驗，尤其是比較無私無求類型的大神，都容易跟他有感應。

至於風水部分的卡陰，這個就相對容易理解，只要是常年沒有陽光，或是比較陰濕的地方，都是屬於比較容易卡陰的地方，之前有一個客人，說小孩常常睡不好，半夜驚醒，是不是有什麼問題，我原本想說，北京這麼乾，又不太下雨，應該不會漏水，百思不得其解，後來起一卦，說要檢查衣櫃後面，一打開不得了，有一個超大片如人形的漏水痕跡，嚇死人。

一問才知道，原來是樓上的水管壞了漏水，常年沒有修理，久而久之就變成了現在的狀況，所以眞的很玄，就算不下雨，還是有機會陰濕的。

因此一定要常常讓家裡保持乾燥，一但有潮濕就要盡快把它解決，不然久了就可能有卡陰的問題。

最後要跟大家說，其實靈體都喜歡跟著和自己像的人，所以一個人如果正氣浩然，一心向善，那他是不容易卡到陰的，甚至善神都會保護他，希望他繼續爲世間造福，但如果一個人，內心的恨意很重，欲望很重，甚至是嫉妒心很強，怨天尤人，那這個人就很容易招惹到不好的靈體跟隨，久而久之就容易問題越滾越大，所以希望大家都可以一心向善，常常三省吾身，自然就不怕半夜鬼敲門了！

少年想跟你說

Oriental Numerology

(1) 山根、虎口、青暗代表卡到陰。

(2) 解決卡陰請去城隍廟。

(3) 家裡太潮濕容易卡陰，要乾燥。

(4) 一心向善，不易卡陰。

拜拜到底要怎麼拜？

台灣有非常多人都有拜拜的習慣，尤其是倒楣或是精神不濟的時候。小時候身體不舒服看不好病，父母可能會說去廟裡燒符水喝，如果忽然間出一點意外嚇到，還會叫你去廟裡收驚。如果倒楣得厲害，甚至會去找法師做祭改，因此拜拜這件事，真的是台灣人生活中不可或缺的一部分。

不過隨著時代的演進，科技的發展，現在很多的年輕人，其實已經不太知道要怎麼拜拜，甚至很多人連問神都不知道要怎麼問，今天我們就來教大家到底怎麼拜，才是比較對的拜法。

首先，要有一個理解，拜拜的第一步，很多人都希望神明讓我平安，希望神明讓我事業順遂，希望讓我發財，但其實第一件事情應該是「向神明懺悔」。

從古代的典籍來看，神的位階非常之高，所以第一步應該是敬畏和懺悔，而不是直接去索取東西。

那如果是從懺悔開始，要怎麼懺悔？基本上神都是幫助好人的，所以要懺悔自己不是好人的部分，然後思考自己對於社會的貢獻，有沒有宣揚正道，還是讓人心沉淪。

尤其是要懺悔自己心裡不好的起心動念，例如對他人的仇恨、對自己的傲慢、對欲望的執著。

那如果沒有懺悔就直接求，會有什麼樣的問題呢？

那就像是在沙子上蓋房子，如果你沒有懺悔，自我檢討，你就可能會犯一樣的錯，而且認爲所有的問題都是外部問題，這樣就算這次你求到了，下次也可能犯了錯而一夕崩毀，因爲眞正的問題沒有被解決。

這個懺悔之後，接著問神明有沒有什麼事情要跟你說，因爲你想問的問題，神都知道，但是你可能有比你要問的問題更嚴重的事，但你不知道，因爲你被眼前的事情或欲望給蒙蔽了，所以這時候就要先擲筊，問神明有沒有什麼事情要交代，要提醒你注意的，如果有，那就抽籤，擲筊跟抽籤的規則，都依照每一個廟宇不同，所以要看廟宇的規則，記得抽完一支之後，要問神明還有沒有交代，如果有，就再抽，有時候神明會給三到四支籤，才作結束，這時候再由籤詩中，去理解自己要注意的地方。

以上都結束後，就可以開始問自己要問的事情，例如自己的事業、感情上的問題、各種生活上的狀況等等，所以正常一次拜拜問事的時間至少是三十分鐘以上，甚至到好幾個小時都是有的。

不過在拜拜之前，還有一個重要的事，那就是「上香」，每個廟上香也有自己的規矩，所以第一步，一定是確認廟裡面到底要怎麼拜？然後多少爐要幾支香，全部都上完香，才開始拜拜的過程。

那到底什麼時候拜拜好？頻次大概怎麼樣適合？

我建議大家初一、十五去拜一下，初一、十五是蠻適合給人們反省的時間點，以前講初一、十五要吃素，其實蠻有科學道理，西方科學研究，初一、十五因爲月亮的問題，導致人的情緒會比較波動。所以初一、十五去拜拜，可以把心靜下來，讓你這個月比較不容易出大問題。不然初一、十五很容易是出問題的一個時間。

再來就是天赦日，天赦日是天宮法外開恩的時間點，非常適合懺悔，讓玉皇大帝法外開恩赦罪。

二〇二二的天赦日是：

二〇二二年一月十一日——十二月初九（甲子日）

二〇二二年三月二十六日——二月廿四（戊寅日）

二〇二二年六月十日——五月十二（甲午日）

二〇二二年八月二十三日——七月廿六（戊申日）

二〇二二年十月二十二日——九月廿七（戊申日）

二〇二二年十一月七日——十月十四（甲子日）

通常我在這一天，會把所有算過的命，帶去廟裡，請神明法外開恩，赦免我洩漏天機之罪，如果拜完之後回家，感覺頭暈，甚至有點小感冒，那都是正常的，代表這個業力消除了一些。

那有人就會問我，什麼廟可以？一般來說，大廟都可以，因爲每個神明的職責跟負責的範圍都不同，廟的大小當然跟祂的法力有關，可是法力可能不等於祂的位階，不過這種特別的日子，只要大廟都是有效的。

那是不是凡事都找玉皇大帝最好？這個倒是不一定，因爲在玉皇大帝眼中，你的問題可能眞的太小了，不如找一般的專職神明更快解決，例如生小孩、沒有錢，這種找對應的神明應該會更快些。

那到底什麼神跟自己比較有緣？其實跟性格有關，如果你的價值觀跟這個神明越接近，這個神對你的感應就會越強，舉例來說，你是很講義氣的人，關公對你幫助就很大，如果你是一個很慈悲的人，觀音對你就非常有幫助，所以每一個神，都有不同的形象，因此要去了解神明背後的故事，然後來思考自己要拜什麼神。

前面說的是如何開始，這裡要講如何結束，得到神明的籤詩之後，一定要確認自己是不是可以離開，因爲有可能你誤解神明的意思，祂會將你留下來，直到你理解，再來可能是還願的理解，之前有個案例是他原本打算要分一年把經念完，但神明其實是要他在一個禮拜內完成，所以神明就不讓他走，直到他理解時間是一周之後，才告訴他可以離開。

然後還願的條件也要想清楚，量力而爲，千萬不要輕易許下那種固定時間，要親自到場固定奉獻多少的條件，因爲世事多變化，現代人很忙碌，你眞的不知道自己的時間到底能不能配合，如果你許了願沒還願，神明很慈悲不會懲罰你，但只要保護力減弱，其實就足以讓你的生活造成很多的不順。

因爲生活中難免有很多冤親債主，或是游離的外靈，這些東西都會造成卡陰，小則腦袋不清楚，大則病痛不斷，所以有神力的保護還是很重要的，但你可能會說，有的人一生不拜神也過得很好啊？這個有可能是他祖上積德，所以他的祖先幫他扛了不少，另外一種，就是他是個大好人，對正道很有幫助，所以神明就會保護他，希望他為世間幹更多好事。

所以回頭來還是那句「行善積德，做個好人」，長遠來看，一定都是有很多好處的。

少年想跟你說

Oriental Numerology

(1) 拜拜第一步先懺悔。

(2) 天赦日記得要去拜。

(3) 找到價值觀相同的神明。

(4) 記得用籤詩確認神的旨意。

(5) 行善積德一定是對的。

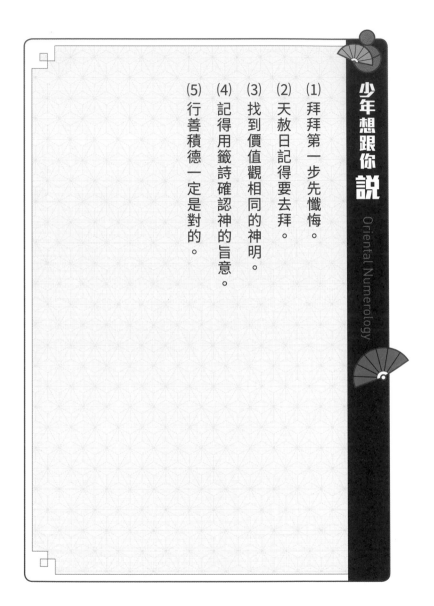

呼吸都會掉東西，我家「風水」怎麼了？

出門掉東西是一件超級令人覺得討厭的事情，身爲丟東西界翹楚的我，可是連手機、錢包、鑰匙等等一樣東西都沒守住過，而相信有非常多的讀者朋友也是深受其害，畢竟不管是掉手機，還是掉錢包都是超級麻煩的事情。

那今天來講，爲什麼會一直掉東西？怎麼樣可以降低自己出門丟東西的機率呢？這邊要從一個小故事說起，有一次我要去板橋錄音，我跟夥伴芝芝一起在板橋站搭計程車，路程差不多五分鐘，到傑西大叔家錄音。

然後在錄的過程中，忽然發現不太對勁。芝芝說：「我的帽子呢？」對耶！剛剛在板橋站時，看他手上還有一頂帽子，可是怎麼到了錄音室，卻沒有帽子呢？

這時候我就問他，那你最近家裡的陽臺是不是非常亂。他說沒錯！因爲他有很多潛水裝備，之前都放在朋友那，但最近因爲朋友搬家了，所以他只好把它們放回家裡，家裡地方小，就只好堆在陽臺上，結果，今天就掉東西了。

這也就是我們今天講到的，爲什麼你出門，老掉東西，最大的原因就是「你家陽臺太亂了」。

陽臺，在風水上來說，是一個人家裡的明堂，什麼是明堂？其實就是你的前途，是整個家庭裡面進氣最重要的地方。

所以我們說「風水」，風就顯得非常的重要，因此你家的明堂就是一個非常重要的地方，如果你在家裡的明堂，也就是你的陽臺上堆滿了雜物，那你的進氣就會變得很不順。進氣不順的情況下，就會讓你腦子渾渾噩噩，因此出門就容易掉東西。

除了不能堆雜物之外，還有什麼要注意的呢？

其實陽臺最好是要整理乾淨，連植物都不要太過於雜亂，越少越好，寵物的糞便也要清得乾乾淨淨，不然的話就容易滋生細菌，陽臺一定要保持它的通風開闊，不能一直悶著，不然都會造成你出門的運勢不順。

很多人清完後的陽臺雜物，可能是堆在客廳的邊邊。跟大家講一下明堂有分成「外明堂」跟「內明堂」，外明堂就是外面的陽臺，內明堂是什麼？就是客廳靠近陽臺邊，如果自己的內明堂太亂，可能你出門的確不會掉東西，但是你跟家裡面的人就容易起糾紛。

而除了陽臺以外，還有哪裡也是很重要的呢？那就是家門口，門口的內外一定都要收拾乾淨，不然都容易造成進出氣的不順，那麼到後面就會造成你出外容易掉東西了。

那面相上有沒有辦法去看，是不是容易掉東西呢？

其實有一個部位，這個地方就是鼻樑的中間，也就是我們常常看的漫畫書裡面，男主角常貼ＯＫ蹦的地方，這個位置，如果偏暗偏青色，有點綠綠的，那就代表這個人最近的氣運不是很順，容易發生很多怪事，也就是容易掉東西之類的。

所以如果常常出門掉東西，或是覺得最近運氣很不順，怪事特別多，小人也很多，那要做的事情很簡單，第一件事就是回到家，把你家的陽臺收拾乾淨，這樣子就可以讓你時來運轉，氣流通順，整個人的狀況都會非常的不一樣，你就不會常常出外丟東西。

這邊再說一個這次主題的額外補充，就是我們在講陽臺的時候，很多人可能會問說，到底是前陽臺還是後陽臺？一般來說，我們說明堂都是指前陽臺，也就是你家客廳最大的那個陽臺就叫做明堂，那後陽臺是什麼呢？

後陽臺其實往往跟身體健康比較有關，就是說，如果你的後陽臺一直都沒有清潔乾淨，比較混亂或堆積了很多雜物的話，那就會造成你身體上面的一些隱疾，而隨著時間越長，這個問題就會越來越嚴重。

舉例來說，之前有一個客人，他就是在他的後陽臺上堆了非常非常多的衣架，堆了很多的鐵器，因爲進出後陽臺的氣不順，造成磁場上的混亂，我就直接問他說，他們家的人是不是都有泌尿系統的問題，然後女性的部分都有一些婦科的疾病。

他說：「老師，你眞的很準！」因爲，他們家的人腰部特別不好，在晚上的房事上也是比較困難，另外，則是在婦科上面，每次月經來的時候都痛得亂七八糟，甚至是小孩也都容易感冒。

我就說：「因爲你家後陽臺的方位是朝北方，北方跟水有關，跟整個的腰、泌尿系統等等有關，所以我才會做出這樣的推論。」

因此，這邊要跟各位講，因爲我們台灣人不太用烘衣機，大部分都習慣晒衣服，這時候就容易造成這個前陽臺或後陽臺都是衣物，比較雜亂，但看完這篇文章之後，很多人可能就會把前陽臺的東西堆到後陽臺去，其實這樣也不是那麼好。反而會造成，你身體上容易有一些慢性的疾病，所以盡量來說，還是要斷捨離，家裡面越乾淨越好，東西太多就會造成氣流的不順和磁場的混亂，對身體健康和事業都會有些影響。

後來芝芝說，他家陽臺收乾淨之後，就沒有再亂掉東西，我的那個客人，把他的後陽臺收拾之後，他家人的身體狀況也慢慢好轉。

因此這種風水的要點，都是屬於立竿見影的。各位同學看完了之後，事不宜遲，趕快把你們家的陽臺給整理乾淨吧！

少年想跟你說

Oriental Numerology

(1) 陽臺太亂會掉東西。

(2) 鼻樑發青也會掉東西。

(3) 後陽臺太亂不健康。

(4) 家裡收乾淨，人生就順利！

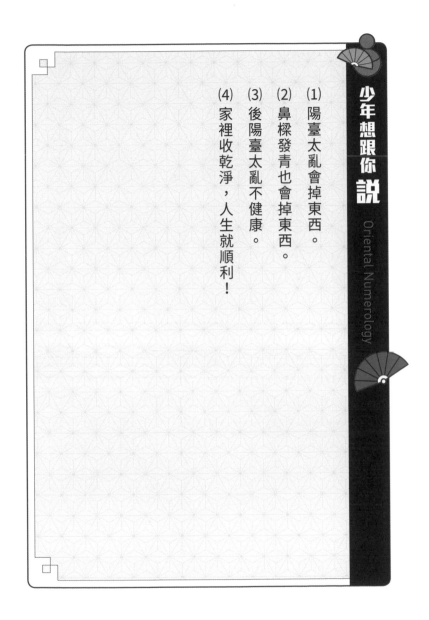

超簡易風水找房知識

有人問風水上最重要的是什麼？其實風水上重要的東西非常多，不過一般來說，想要快速改運，在風水上我最推薦的方法，就是「收拾前陽臺」。

那再下來呢？怎麼樣是一個好的風水？

首先我有一句話叫「山管人丁水管財」就是好，簡單來說，就是你越靠山，越容易生小孩，越靠近水，就越容易發財！

山除了旺丁以外，山也主貴，所以一般來說，有好山的風水就會貴氣，容易升官有權力，如果有好水的這個風水局，就是容易發財。

不過什麼叫好山好水？從你家的明堂看出去，一望無際，有近山，有遠山，基本上就叫有好山，那住在這裡面就容易貴。

那有好水是什麼？這就很難了，在都市裡面尤其難，例如說，在你家前面要有一個超大的湖，這個湖要大要圓在你家正前方，那你就會發到不行，這是風水上很有名的格局叫「水聚天心」，但是在現代都市很難找到，因爲現代人家前面一定都是有樹、有其他房子，或是有大馬路等等，但很難家前面有一個超大的湖。

實際上，我在做風水局的時候，一般來說做山的局勢也是比較多的，因爲貴這件事情比較穩定，貴氣這件事隨著時間往上，你的位階升了，眼界不一樣了，人生

有遠山，有近山

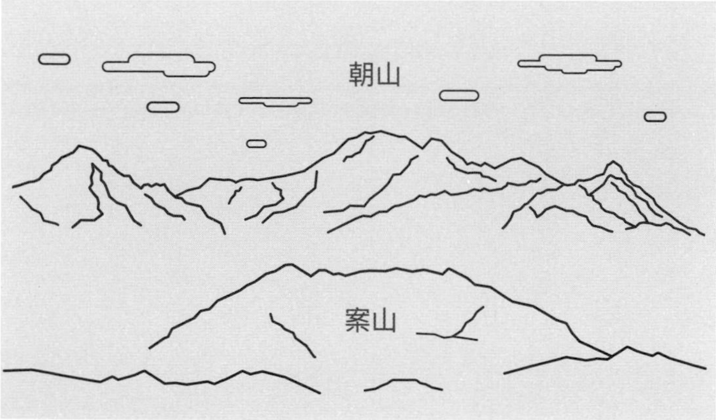

自然會變好，不太會是暴發戶的狀態，古人是比較喜歡這個類型的。

那如果在古代最好的風水局到底長什麼樣子？

古代邏輯就是你家後面有群山環抱，像一個U字型，然後你在中間，接著前面有一個大湖。照這個邏輯，你可以想像一下古代的山頂洞人，好像住在山洞裡，你離洞口很遠很深。

被山環抱就容易聚氣，我們在風水上就叫做暖，它不容易受到旁邊的風雨或各種東西影響，它的溫度會比較穩定，對人體健康具有很多好處，所以在找房子的時候，也要去思考這個環節。

那今天我們在現代都市裡面找房子，還要注意那些事情呢？

第一個是格局，一定要很「方正」，很多時候看風水，對方把平面圖傳上來，一看就是梯形或是三角形的，那就絕對不可以選，或是說他本身雖然是方的，但是有一個超級突出的一塊，看起來像是長了一根東西，這個就是容易長腫瘤的一種戶型。

所以風水格局方正是一個最大的基礎，如果不方正，我們都不用往下談，不管到底是什麼山什麼水，因爲它一定會出事情。

如果是三角形的格局，這個問題最大，三角形叫做火形煞，代表很容易有失火、兇殺、官非、血光的事件，所以一般來說，我們會特別避諱這樣子的格局，房子方正是超級重要的，陽臺也要方正，很多新房子格局裡面是方正的，但陽臺造型亂七八糟的，所有的造型都會有延伸的問題，只是這個問題大或小而已。

方正格局看完了以後，接著要來看什麼？我建議大家要找五樓以下，一望無際的風水。

格局方正

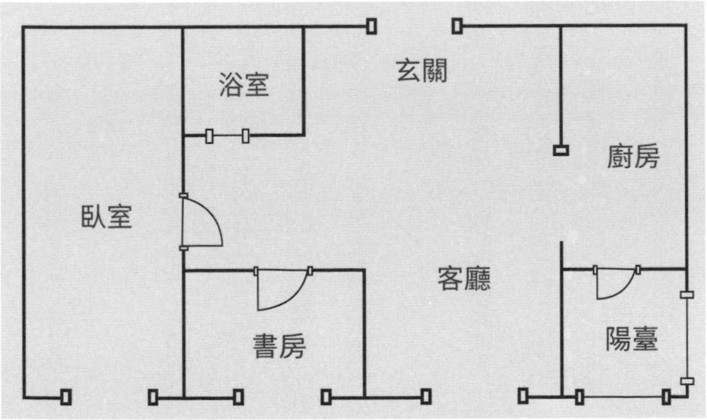

這事情是基於少年我在研究風水龍穴時的一個發現，現代已經很難在都市之中，找到所謂的龍穴，所謂的龍脈，也都因爲挖地基打掉，或是電塔給插掉了。

這個邏輯雖然對，但是在老舊的城區裡面，可能還保有龍氣。

很老的城區大都是平房，這個平房可能都只有五層樓，甚至沒有電梯，那種就不會挖很深的地基，老城區基本上密度很高，所以一整片都是矮房，如果你住的是相對高一點平房，你就是可以一望無際，直接看到近山遠山，這代表龍穴的地氣應該沒有因爲蓋大樓受到太大的影響，所以我建議大家找五樓以下往前看一望無際，然後可以，看到近山遠山的房子，那一定是很好的風水。

如果你住五樓以下，而你家前面直接就是公園的時候，其實也是類似的狀態，因爲公園沒有蓋房子，所以它的地氣都容易聚在這個公園上面，但如果住太高，地氣就跟你沒有關係，所以五樓以下是一個最好的方向，但是非常非常難找。

但如果找不到，也不用太焦慮，我們給大家另外一個方案。

如果沒有龍氣，那就要有對的天光，龍氣這種山水的，我們稱呼叫「巒頭派」，再來則是另一種跟東南西北有關的，叫做「理氣派」。

理氣就是看不見的，我們稱呼跟元運有關。其實有點像是在下元的八運跟九運的交接口，但慢慢走向九運的時候，南方的氣會越來越強，所以想像就是你要有一個面南的山洞，最深處是你睡的地方，左邊右邊有靠前面是洞口，也就是窗，但是你要睡得離洞口夠遠，不然容易被路過的猛獸給叼走，這樣就是一個納南氣的風水，在現在來看就是有南方的天光，那就容易發旺。

所以在買房子的時候，記得要想像成造山洞，然後這個山洞，不是只有家裡和臥室內部的狀態像山洞，包含你家整個房子外面狀態也要這樣，例如現代很多人喜歡買邊間，覺得三面採光很棒，但事實上你的房子如果要像山洞，也是要左邊有房子，右邊有房子，後面也有房子，環住你家，這樣才構成山洞，同時面南夠遠，這樣就會好。

但是邊間往往會少一邊，沒辦法構成山洞的狀態，因爲就會有風水書上寫的，龍虎缺一邊，夫妻不齊美，這房子必定有一個性別比較難發旺。

所以在找房子的時候，一定要注意這個山洞原則，其實由大到小都是，就算在找辦公室、咖啡廳等等，都可以這樣子去想，你要看一個公司好不好，就看這個老闆現在的狀態符不符合山洞原則，越符合就會好，越不符合，你就想他可能很容易被路過的猛獸給叼走，這樣肯定是坐不安穩的喔！

龍虎邊有靠

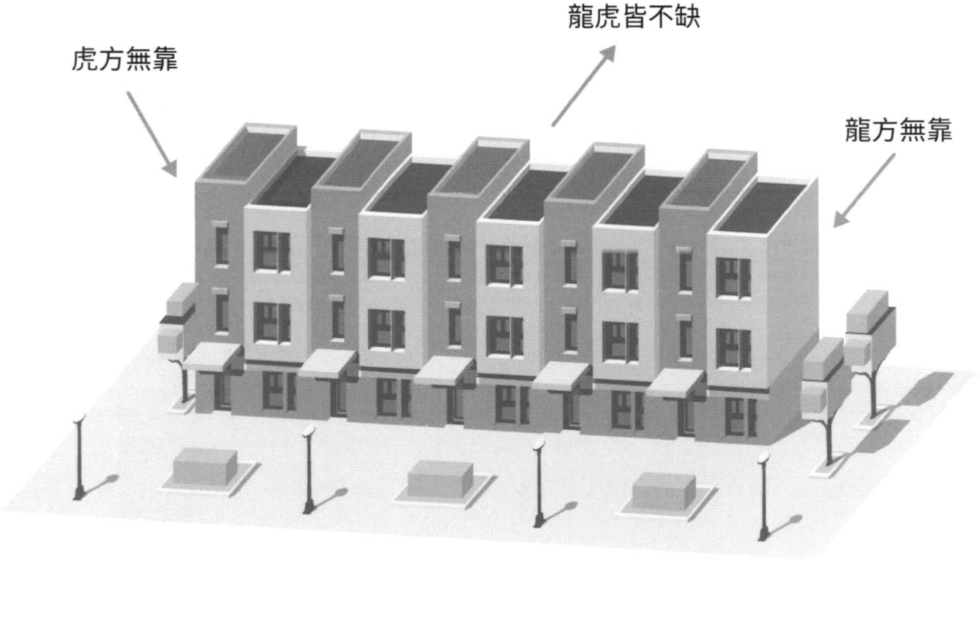

少年想跟你說

Oriental Numerology

(1) 山管人丁水管財，靠山人多，靠水財多。

(2) 好風水就是要暖。

(3) 格局一定要方正。

(4) 找房最好一望無際，像是向南的山洞，同時越矮越好。

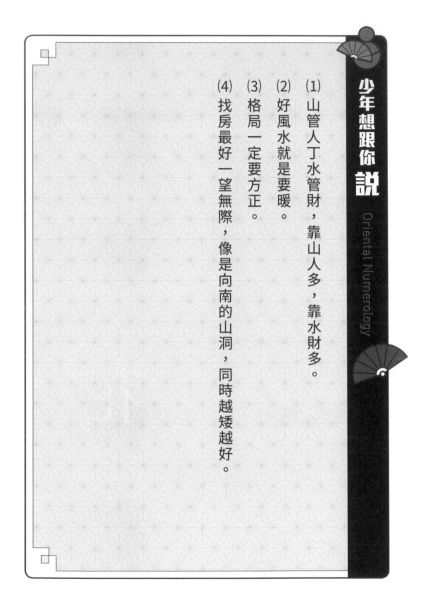

PART 2

愛情桃花

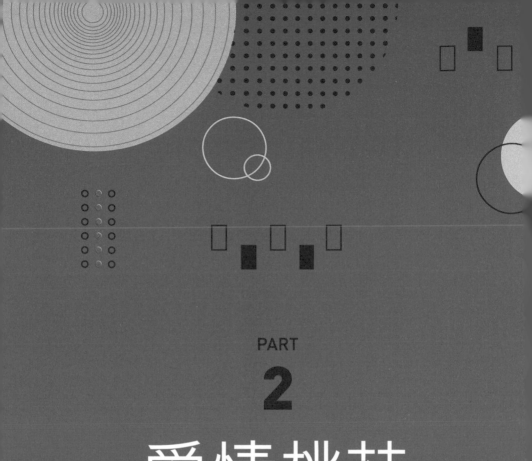

為什麼我總是吸引渣男？

算了這麼多命，我對於吸渣體質有一些特別的發現，其實會吸引渣男的人有幾種共同的特徵，這邊來跟大家分享。

學看面相的時候，一進門師父教我們說，第一眼其實不是看面相，而是先看這個人的氣質，因爲一個人的氣質，大概會知道他是出生在什麼樣的背景、生活在什麼樣的地方，然後周遭的環境大概是什麼樣子，所以從整體的氣質、他的談吐和狀態，就可以大概知道他會遇到什麼樣的問題。

之前有一次在做 YouTube 節目「不負責任面相學」的時候，錄過一集渣男主題，邀請一個很常遇到渣男的女生，來一起猜現場的其他女生是不是會遇到渣男。

看了很多人後，我得到了一個認知，就是「氣質」眞的是非常有關係。因爲在當天有一個女生看起來很艷麗，裝扮是屬於比較龐克風格的，看起來也有一點點慵懶，這樣的氣質，就是典型的吸渣體，她也承認自己遇到的渣男非常多，而且渣度很高。

後來另外一個女生，看起來非常清新、乾淨，整個人像在發光一樣，就是那種你好像很難跟她開玩笑、很難跟她曖昧不清，乾淨天眞的人，這樣的人，渣男是很難靠近的，而她也的確是完全沒有遇過渣男。

後來跟旁邊的來賓討論，才知道原來渣男也是想要找好玩的人，所以如果你今天看起來一點都不好玩，一看就很認眞，其實就會發現渣男不太靠近你，原因是渣男也是有「機會成本」觀念的。

而除了氣質之外，「妝容」也有很大的關係。之前我到一個新創公司分享，分享時遇到一些女生來問我，「他們總是遇渣男怎麼辦？」我一看這女生頭髮五顏六色、眼妝五顏六色，連打扮也是五顏六色，我就說：「你的裝扮很難讓大家覺得你是想進入穩定關係的樣子，看起來還想玩一陣子，所以吸引到的都是想玩的人，自然就容易是渣男。」

因此建議他們把整個妝容改掉，例如，頭髮不要染很多顏色，整個臉上的妝容也要保持簡單，讓自己看起來很乾淨、很單純的樣子，後來他照著我說的話去做，很快就遇到眞愛，然後就脫單了。

所以他原本以爲妝容好看，就能脫單，但沒有想過自己的妝容其實是容易被誤會的狀態，因此就會遇到很多的渣男。

那我們回到面相來看，什麼樣的女生容易遇到渣男？第一個是眼睛圓的女生，因爲眼睛圓代表的是天眞，然後如果你的鼻子是又高又窄，這時候也很容易遇到渣男，原因是「眼睛圓」、「鼻子很窄」的女生，看起來比較天眞，又具有讓男生保護的慾望，面相學來看就是他的肝膽、腸胃都不好，氣會比較弱，所以渣男就會想要靠近這樣子的女生，感覺好欺負，如果再結合下巴尖窄，那這個人就是我們典型講的容易變成小三的一個面相，常常莫名其妙成爲別人的小三。

所以如果你希望改善自己的愛情問題，第一個就是不要讓自己的眼睛圓，然後不要看起來太大，再來就是讓自己的臉相對寬一點，這樣你遇到渣男的概率就會相對低一些，原因是你不會具有前面那幾種要素。

再來還有一種面相，也是容易吸渣男的，如果你的「臥蠶發紫」，甚至說眼眶邊泛紫色或粉紅色，有點像熊貓眼，或者是粉紅色。你說因為我本來就是鼻過敏，所以有我也覺得很正常，那建議你在化妝的時候，盡可能把這個黑眼圈的部分遮掉，同時間盡可能的改善身體狀況，不要讓你的黑眼圈這麼深，這樣的話你就比較不容易遇到一些爛桃花的問題。

而如果你的「黑眼珠很小顆」，這也是一種容易吸渣的一個特性。因為黑睛很小顆的人，通常膽子比較大，想法比較偏激，在愛情上的選擇也相對容易覺得自己是一個例外，所以也導致他感情路不是那麼的順利。因此我會建議他帶一個比較好的放大片，讓自己的黑睛不要看起來這麼的小，但是不要戴五顏六色的放大片，原因就如同我剛剛前面講的，如果你把自己弄得五顏六色，其實你的磁場就會比較混亂，那這個時候遇到的對象也就容易比較混亂。

除了氣質跟妝容外，還有一種特性，也是很容易遇到渣男的，就是「膚色很蒼白」，這樣的人氣很弱，外加眼神又很無力，總像是沒有睡醒的時候，這非常容易吸到渣男，而且不是只有吸渣男，不管好的壞的，什麼都會一起來，原因是因爲你散發著一股要被保護的狀態，所以臉色很差的女生，遇到不好男生的概率特別高，就是因爲你看起來是可以被欺負的，甚至是可以被玩弄的，因此氣不夠強的情況下，就容易成爲渣男攻擊的目標。

之前有一個案例，一個女生說，她一直都交渣男。我建議她試試找三個覺得符合結婚條件的男生和找三個渣男，同時約會，看感受怎麼樣。

後來她回來跟我說：「老師，我發現我還是選擇渣的好了。三個符合結婚條件的正常男生，我眞的愛不動，他們太無聊了，沒有辦法帶給我快樂，渣男雖然讓我覺得痛苦，可是至少我從中感覺到了愛情，這是我要去追求的一個方向。」

從此之後她就不在意感情上面的困境，因爲她選擇她要的，接受了渣男的副作用，在一段關係之中她更自在，也獲得了自在的幸福。

所以實際上感情的痛苦都是自己選擇的一個結果，在沉迷於甜蜜的過程中，一定也要好好想想其中的副作用，如果這個副作用你可以欣然接受，那這一切就都不是問題，如果你對於副作用很過敏，那建議你還是三思而後行吧！

少年想跟你說

Oriental Numerology

(1) 吸渣跟氣質有關，不要散發愛玩氣質。

(2) 吸渣跟打扮也有關，不要做愛玩打扮。

(3) 吸渣面相，眼圓、鼻窄、下巴尖、臥蠶發紫、黑眼珠小、膚色蒼白。

(4) 其實吸不吸渣沒關係，過得自在最重要！

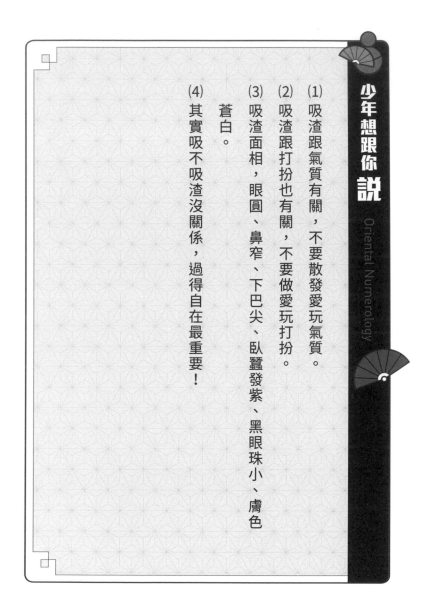

想要當明星，但你有「明星命」嗎？

之前我常常幫一些演藝公司挑藝人，看他們到底會不會紅，事實上什麼樣的人才會紅，畢竟現代社會多元，從小眾市場興起，網路的發展也讓大家很容易出頭，那到底什麼樣的人，比較容易有明星命呢？我們先從面相的角度來討論這件事。

首先，大部分的明星，通常有「一雙很美的眼睛」，或是說他的眼神很媚，很吸引人。這個是面相上我發現最容易紅的一個類型，因爲這種眼神跟桃花有關，所以你看眼睛長得很美，而且看著的時候往往有一種很媚的感覺，你就會很容易被他的眼睛給吸引，最經典的案例，就是中國近代京劇表演藝術家梅蘭芳，他以現代審美來說可能稱不上帥，但那個眼睛就是屬於非常媚的，而且他明明是男生，可是眼睛卻比女生還美，然後整個人的媚態也很重，自然而然就紅了。

除了眼睛之外，還有什麼樣的面相容易紅？那就是「山根很高」，山根就是兩個眼睛中間這一段，山根很高，代表這個人非常的貴氣，貴就是有地位，會有很多人崇拜他，所以就會容易紅。

所以呢？如果一個人的眼睛很美，山根很高，就會有非常非常多的人靠近，然後非常喜歡他，所以他就容易很紅。因此你仔細去看，這些很紅的藝人，絕大部分你會發現他們的山根都非常非常的高，那如果他再配上「耳朵很高」，這樣的人代表早年得志，很年輕就會很紅。

什麼叫耳朵很高？就是上緣超過眉毛，比眉毛還高，這種人就容易早年平步青雲，像潘瑋柏就是這類型，所以如果有符合這三個面相的人，他一定是很年輕的時候，就紅到不行。

上面說的這種都是屬於偶像類型的，如果他不是偶像類型，是靠嘴巴吃飯的呢？靠嘴巴吃飯有兩種，一種是「嘴唇很厚」，像安潔莉納裘莉那一種類型，他就是性感演員，所以他的嘴唇很厚，大家就會被這個魅力給吸引。第二個類型就是非常會說話，可以靠講話來賺錢，那就是「上唇M字形」的，這種人只要開口就會說對話，大家對於他說的話都很喜歡，但他不一定是口若懸河。

口若懸河型的，要看唇珠，「唇珠飽滿」的人就說話很溜，不過不一定會說對話，所以要完全靠嘴賺錢，關鍵還是嘴要M字形，當然如果又M又唇珠飽滿，那就是超級厲害，像蔡依林就是這樣啦！

再來還有一種是桃花超旺的下巴，這就是「屁股下巴」，像周潤發、黃曉明都是這樣的，他的下巴中間有一個裂縫，可是因爲他下巴很飽滿，所以就形成了像是屁股一樣的狀態，這種人往往在藝術跟桃花方面的發展都有很大的突破，會導致他們有非常多的粉絲，非常紅。

以上都是面相的看法，那紫微斗數要怎麼看呢？

我看過一些明星的命盤，其中一個重要的特質，就是命一定是很好的，因爲你要命超級好，你才有機會很紅，不然你只是桃花很旺，有很多異性伴侶而已。

第二點是他們的桃花都超級無敵旺，可能是命宮桃花星眾多，然後也可能是對宮空宮，所以能量很強，命盤超級桃花，連父母宮都有桃花，結構上暗合了桃花星，因此桃花超級旺或是夫妻宮超級旺，代表對象超級多，多到不正常，就成爲了明星。

還有模特兒命跟偶像命有可能比較特別，就是疾厄宮桃花超級旺，所以這代表肉體非常美好，也很吸引人，所以就容易選美成功，可能是環球小姐冠軍或是選美皇后之類的，超級模特兒都是屬於這個類型的，所以疾厄宮的桃花很強也能紅。

不過有趣的是，很多超模說，自己桃花不旺，但是長得超美，以前我都覺得不可能，但實際上這個人的疾厄宮超級旺，身材超級漂亮，但是可能夫妻宮很弱，所以代表根本不容易動情或動心，甚至沒有桃花，而且大家也莫名的只覺得他很漂亮，可是不會想要跟他在一起或跟她告白。

那從紫微斗數來看，什麼時候會紅呢？

紫微斗數裡面，化科星代表出名，所以如果你的化科星超級多，代表你就要紅了，或是你的桃花星超級旺的流年，都是容易爆紅的年分。

面相上也有一種特徵，是爆紅的特徵，那就是「顴插天倉」，就你從側面看臉，整個顴骨是往太陽穴斜上走的，像劉德華就這個類型。

那種爆紅面相一般來說，在年輕二十多歲的時候會有一次機會，再來就是在四十多歲之後會再有一次機會，所以什麼時候會紅，還是可以看命盤跟面相，從時間上是可以看出一些端倪的。

但是要記得一件事就是到底能紅多久？其實還是跟人品有關，這個人可以一直紅下去，不會爆炸，還是基於他有多大的福分，如果這個人背越厚，眞的是紅越久，因爲他是個很有福氣的人。

如果是背很薄的明星，他的紅都是瞬間的，不容易持續往上，因爲他福分不夠，那這樣的人如果又沒有行善積德，他就很難一路紅到老，所以要一路紅到老，最大的關鍵還是你本來福分就夠，或是你眞的是身爲明星的表率，行善積德做了很多好事，那你就可能可以一路紅到最後。

再來除了明星命，通常會延伸問自己有沒有豪門命，你看到很多女明星嫁了豪門，可是婚姻不好，同樣的問題就是她福分不夠、背不夠厚，她就有錢沒幸福，或是有幸福沒錢，如果她選擇嫁入豪門，她的痛苦就會非常非常的大。

因此，我覺得所有人還是要知命，你如果做了選擇，你福分不夠，就要一直行善積德，多多包容別人，多多去愛別人，愛這個世界，那這樣你就很有機會有一個幸福快樂的人生。

少年想跟你說

Oriental Numerology

(1)山根高、耳朵高、上唇M，年輕就紅。

(2)紫微斗數來看，夫妻宮超旺就會紅。

(3)流年科星很多會爆紅，面相顴插天倉會爆紅。

(4)背很薄，福不足，要知足才會幸福。

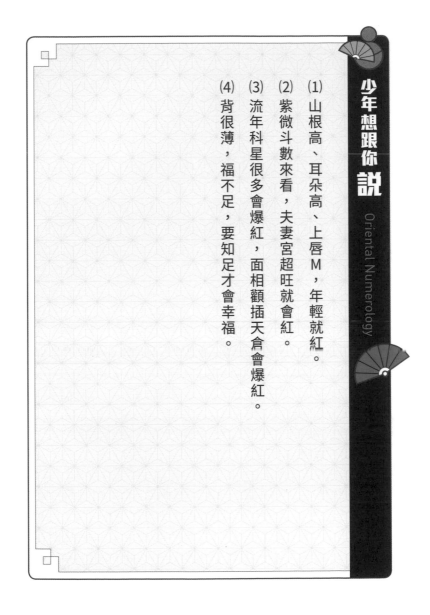

PART

3

職場面相

職場五行面相應用法

今天要來聊的，是很多同學敲碗問的題目，就是如何在職場上應用面相學，找到一個好的老闆，還有好的下屬。

因為每一個人適合的老闆都是不一樣的，每一個人適合的手下也都不一樣，所以比較難用一個簡單的共性來做區分。今天就要來跟大家講，到底怎麼樣知道，自己適合什麼樣的老闆？還有適合什麼樣的手下？首先這裡就要提到面相學裡面，屬於比較傳統的「五行相法」。

五行相法是一種比較古老的相法，也比較抽象難懂，它把人歸類為金木水火土，五種五行，再根據這五種五行，分類以及判斷這些人的性格，分析出他們彼此之間的關係。

像是**「金行人」**如金子一樣閃閃發光，一般來說比較容易出名，但是相對來說，因爲是金屬，性格就比較硬，框架比較多，然後脾氣也比較硬。

金行人面相就是臉很方的人，臉越方越接近金行人，所以臉的稜角越多，就越符合金子硬邦邦的特質，也就越接近金行人的面相。

再來是**「木行人」**，木行人就是屬於臉比較長的，然後身體也長，手長腳長臉長，典型的木行人面相。

木行人就是像木頭一樣，但不是說感情上像木頭，而是說像木頭一樣，緩慢的成長，並且延展性

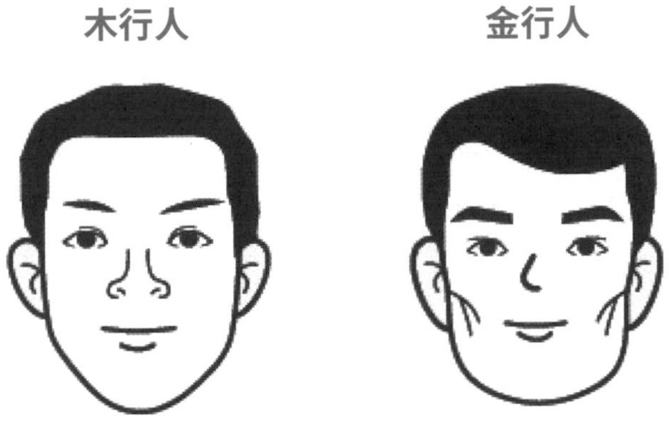

非常的高，長成大樹之後，能夠給予棲息的空間，就會幫助很多的小動物，所以木行人是比較仁慈的，再來木屬性的人也比較喜歡學習，原因是他有很好的延展性，以及慢慢的成長，所以木行人有比較多的想法和思想，會比較在乎生命的意義和自己在知識上的前進，所以好學度比較高。但是木行人一般都是屬於大器晚成的，畢竟從小樹長成大樹，需要比較多的時間。

「水行人」在面相學邏輯裡是偏圓的，水的型態很多元，可以變成方的，也可以變圓，甚至各種形狀，水可以根據不同的容器，變成不一樣的形狀，所以水行人的特色，就是八面玲瓏，非常善於交際，然後有很多種不同的樣貌。水行人同樣也是柔情似水，所以水形人的性格一般來說也是比較浪漫的，而且在感情上面，也是比較多情，在眞實生活中，比較容易理解的話，就是靈活的胖子。

水行人

很多人都會問我，「老師，我的臉到底算不算圓？」有時候大家很難去理解，因

此水行人簡單來說就是靈活的胖子，他們特色就是「沒有脖子」，如果你的脖子比較長，一般來說，你就不算是典型的水行人，如果你今天沒有脖子，臉又很圓，整個人圓圓的，就是很典型的水行人。

再來他們發財的速度會比一般人更快，發展迅猛，所以水行人如果發財都是在一瞬間，有如黃河氾濫，一發不可收拾。

再來我們說**「火行人」**，火行人臉比較像火，所以臉比較尖，在面相學裡面額頭也是跟火有關，所以一般額頭會比較大，或是比較拱，然後下巴很尖，有點像冰淇淋甜筒，就是火行人的臉型。

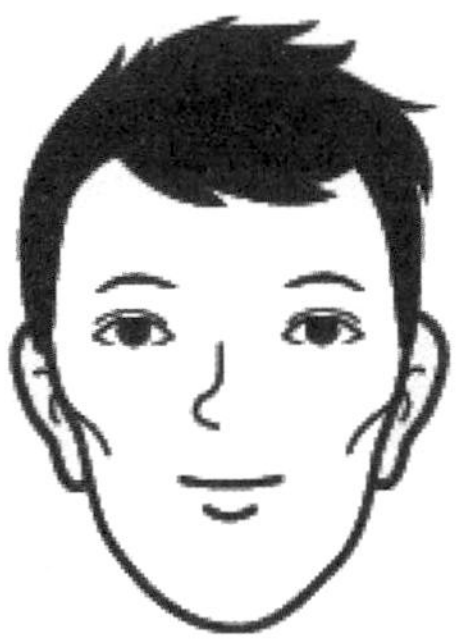

火行人

火行人一般來說，是比較急躁的，性格上非常沒有耐性，然後速度很快，想事情很快，做事情很快，很容易做出很多大家意想不到的事情，所以創意十足，再來也容易做出很多瞬間爆發和爆紅的作品。

但是火行人的續航力沒有那麼的高，所以火行人最大的考驗，一般是在中晚年的時候沒有那麼好，也就是爲什麼下巴比較尖，因爲火行人他們就像火一樣很急躁，所以一般很年輕的時候就成功了，火是容易熄滅的東西，所以他們的事業發展都是屬於一陣一陣的，不是那麼穩定，這就是火行人的特色。

最後我們來看**「土行人」**，土就是非常的厚重，所以當你看到，一個人的臉肉很多，但又不是圓，看起來很重，就是土行人的特色，土行人很容易包容大家，性格相對比較穩重，然後耐性也比較強。

土行人

土行人比較能夠承受長時間的計劃和策略，然後也能等待，所以對於長期性的成功，他們是比較容易達成的，一般土行人早年都不容易發，晚年比較容易發，面相上他們整個下巴的肉比較多，臉型通常是偏梯形的，所以額頭不會很寬廣，他們事業到中晚年的時候，會變得非常大，尤其越晚年，事業就會越大。

很多人問說，「老師，我分不出來水行人跟土行人？」其實水行人跟土行人，都是屬於胖子，他們共同特色都是沒有脖子。但是一個是靈活的胖子，一個是緩慢的胖子，所以如果遇到脖子很短的人，那你就可以推測他到底是水行人還是土行人。

那我們前面教了這個五行之後，實際上要怎麼樣來使用，才能把它用得比較好呢？最單純的用法是找手下運的部分，我們在面相上怎麼找手下，其實相生就是比較好的。

舉例來說，我是一個木行人，遇到一個手下是水行人，水會生木頭，我可能很有智力，但大部分木行人不太會應酬，而水行人很善於應酬，而他擅長應酬的能量，就會來幫助這個木行人，可以去學習和執行更多的戰略，所以這個水行人，就可以幫木行人達到很好的合作。

往往你會看到一些臉比較窄的老闆，他肯定是有一個夥伴是屬於臉比較胖的，那這個胖子夥伴負責幫他解決外務，而臉比較窄的老闆，就負責事業的規劃與運營，這是一個比較好組合。

找老闆也是一樣，如果老闆來相生你，那你就會做得比較爽，相剋你就會比較痛苦。舉例來說木頭會剋土，土行人已經很緩慢，他要包容很多事，那木行人他就是一直學習，因此問題會出在木行人本身長得很慢，土行也很慢，那兩個都很慢，那就不太好，沒有人會去把事情做到一個階段。

那如果相剋有沒有救？五行本身有這個相生的效果，所以如果可以通關，就可以解決問題，舉例來說，假設金剋木，木是被壓制的，可是如果多一個水，金會去生水，水會去生木頭，所以多了一個水行人，整個就不一樣了。今天金行人的規矩，會通過水行人用比較柔和的方式模糊掉，再把這個交給木行人去發展，這樣的團隊就會合作的很順利。

在客人跟廠商上面也是一樣的，你如果發現這個客人的面相，是屬於生你的五行，那他成交概率就會比較高，他比較容易爲你付出跟你買東西，所以如果我們今天做銷售的時候，發現一對夫妻，然後老婆比老公來得容易對你付出，你就要進攻這個老婆，那如果是老公比較容易付錢，那你就要進攻這個老公，代表他會願意爲你付出。

其實絕大部分的人，性格都不是一種類型，你愛學習多一點，可能就屬於木頭多一點的，你是屬於比較規律的，可能就是金屬多一點。因此絕大部分的人，都是什麼木帶土、木帶火、金帶木，類似這樣，你會發現自己，很難只有單一種性格，就是純粹只有一種行啦！

所以一定是先從自我了解，從裡面去分析，木頭就是學習，火就是很快很急，水就是很能應酬，金就是很多規則，土就是緩慢且很包容，那你可以從中去找出你自己的比例。

相生的時候，性格就很順，但如果相剋的話，通常性格上都比較容易矛盾，人生就會比較辛苦，那你說要怎麼改善，假設你發現自己是很能應酬又很急的人，屬於水剋火的人，那你就需要一點木頭，水生木，木生火，需要透過木頭的特質，就是不斷的學習和仁慈，你就會變好。

以上就是五行相法的應用，希望大家都能夠找到讓自己順利的生活方式喔！

少年想跟你説

Oriental Numerology

(1) 金行人，臉方，規矩多。
(2) 木行人，臉長，愛學習。
(3) 水行人，臉圓，善於社交。
(4) 火行人，臉尖，個性急。
(5) 土行人，臉厚重，個性慢。
(6) 水生木、木生火、火生土、土生金、金生水，五行相生就好。
(7) 金剋木、木剋土、土剋水、水剋火、火剋金，五行相剋就不好。
(8) 如果相剋，可以嘗試導入第三種五行來調整，例如金剋木，加入水，就變成金生水生木，這樣就會好。

辦公室防小人法

以前比較傳統的算命常常聽到有人說，你命中小人很多，或是犯小人，所以要來防小人，甚至還有戴尾戒防小人的觀念。

不過到底什麼樣的人是小人呢？今天我們就從辦公室切入，在辦公室什麼樣的人是小人呢？

第一個要注意的是嘴很薄，眼神又很兇惡的人，因為一般嘴薄的人，他們說話比較容易傷到人，如果眼神又很兇惡，那就不只是說話傷人，而是會對於自己承諾的事情翻臉不認帳，信口開河，合作到最後往往都會出問題。

再來就是眼神很兇惡，又不正眼看人的人，要注意不是害羞的那種，而是明明行爲舉止很大方，但就是看人的時候不會正眼看人，因爲不正眼看人的人，是害怕自己心思被看透的人，可能習慣藏有祕密在心裡，這時如果眼神又很兇惡，那就比較危險了，因爲他不只是有隱藏自我的習慣，還有暗地裡算計別人的習慣。但是如果是那種從頭到尾都不知道怎麼看你，感覺害羞極了的那種人，他可能是眞的害羞，而不是小人的情態，所以就不太符合。

另外還有一種是眼神兇惡，又左右臉極端不對稱的人，因爲我們一般人的臉都不會完全對稱，但如果整個左右臉沒有中風，五官卻非常極端的不對稱，代表這個人的內心非常矛盾，要常常自己跟自己調解，再加上眼神兇惡的話，這樣的人就容易有極端行爲，或者自我毀滅的心態，尤其單眼皮的人更加嚴重，而雙眼皮的話，這樣的人就是很難相處，馬上就可以避開。另單眼皮的人很能忍，所以會記恨在心裡，這樣的人你要更加小心，你平常可能說話口無遮攔得罪到他，他不會馬上翻臉，會藏在心底，在某個關鍵時間，找機會爆發，你就會難以承受。

其實小人的關鍵還是眼神兇惡，尤其是惡而無神者，看起來就很兇，而且不是很正派，眼睛混濁看起來不太清澈，然後沒有什麼神，這樣的人會缺乏同理心，而且腦子比較混亂，容易心一橫就做出很多殘忍的事情，所以如你發現一個人是眼惡無神的，那你要注意這樣的人可能不只是小人，已經是壞人的等級。

再來講喜歡搶人東西的面相。

不管是搶人男友還是搶別人工作，還是搶其他人的功勞，這種在面相學裡面的特徵，是眼神很兇惡，外加眼睛非常突出，像是蛇的眼睛一般，這種人異常的貪婪，而且是不擇手段的類型，同時非常善於偽裝，所以如果遇到這樣的人一定要格外小心。

接著是典型的反骨之相，反骨之人非常的自我，而且行事作風非常霸道，但要符合反骨之相也不是這麼容易，首先耳朵裡面的骨頭，也就是耳廓，要整個像三角形一樣往外突，然後完全沒有耳輪，整個耳朵看起來只有骨頭的狀態，再加上他的腮骨整個往後突起，完全沒有長肉，從背後會很清楚的看到耳廓跟腮的突出，這個面相就是屬於典型的反骨之相，也就是古代常常講得容易背叛別人的「背骨仔」啦！那事實上是不是真的會背叛別人？其實也不一定，只是說這樣的人，不太受社會規範所拘束，性格非常的自我，然後做事情也不會照別人的心意來，基本上是自己想怎麼樣，就是要怎麼樣的一個狀態，因此就容易變成一個反骨仔的狀態。

以上介紹幾種小人後，接著要來跟大家說，怎樣防小人，首先防小人要有靠山，你夠強小人就不會靠近你，因爲小人也是有機會成本概念的，怎樣是有靠山，就是你最好要背靠牆，小人會少一點，再來更好的是，左邊或右邊靠牆、左手或右手靠牆，那這樣子你貴人會比較多，小人自然會少一點。

如果你的背後是個櫃子，上面放了很多玩偶，那也會代表小人很多，所以記得要把這些玩偶收乾淨，也會讓小人減少一些。

怎樣辦公室算是一個好的風水位置？就如同我們講的背後要有靠，然後旁邊要有靠，你仔細去看背後是窗戶的老闆工作都很辛苦，做得非常不穩，背後絕對不能是個窗戶，再來眼前的風景越開闊，看得越遠，可以避免你一直覺得眼前很近，看東西看得很窄，會導致你想事情想得不夠遠，想得不夠透徹，就容易出事。

再來辦公室裡面很多人講說要擺一些小東西，可以開運招財，所以我們會建議大家淨化磁場，在桌上擺鹽燈是一個比較好的做法，讓你的磁場變好，第二是可以擺一個木葫蘆，也有淨化磁場效果，但是不要嚇到同事，所以這個東西可以擺在座位底下，或者是比較小一點，不要太大，葫蘆一定要有開口，原因是有開口，才能把煞氣給吸進去，所以木葫蘆或是銅葫蘆都有類似的效果，大家可以自己考量再買。

如果你是希望人緣變好，那你可以在辦公室的桌上擺一些新鮮且定期換的花朵，這樣就可以讓你自己人緣變好，避免一直都沒有桃花，或是沒有好人緣。

另外，分享一個看風水的小技巧，假設你面試時看到的辦公室，如果你發現這辦公室的窗看得很遠，就代表這個辦公室，在煩惱很遠的事，如果你發現這個辦公室的窗很近，對面就是大樓，代表他們煩惱的事情會比較近。

所以如果你想要做的工作，是希望長時間獲得栽培，並且長線的發展，建議你找辦公室看遠一點的公司，他們比較對年輕人和新鮮人有儲備的想法，原因是他們公司有長遠的規劃。

但如果你希望今天馬上上戰場，每天能做很多事情，不是慢慢學習的話，那建議你找的公司，辦公室往外看不要看太遠，但也不能說是貼著對面的，因爲看遠的公司一般節奏是比較緩慢的，如果你對於工作沒有想得那麼遠，比較希望能夠馬上打仗，馬上有表現分到比較多的錢，那這種公司一般來說，都愛打仗也相對不官僚，不會讓你覺得層層關卡，或是有各種政治問題，因此如果你不喜歡辦公室政治的話，就可以挑這個類型的公司。

以上就是辦公室小人的注意事項，希望各位都能避開小人，順順利利喔！

少年想跟你說

Oriental Numerology

(1)嘴薄眼神惡，說話苛薄小人。
(2)斜眼看眼神惡，心機重小人。
(3)臉不對稱眼神惡，嫉妒型小人。
(4)無神眼神惡，失控型小人。
(5)蛇眼眼神惡，貪婪型小人。
(6)反骨眼神惡，背叛型小人。
(7)背後有靠，才有靠山防小人。
(8)鹽燈可以化煞，淨化磁場防小人。

算命師也有比賽嗎？

如果有同學喜歡看綜藝節目，那麼你就有可能看過《通靈之戰》，這是一檔來自俄羅斯的節目，從二〇〇七年播到現在，總共已經播了二十一季，是怎麼樣的魅力，讓它成爲開播十四年的長壽節目呢？

這個節目在每一季的開頭，製作單位都會找來，號稱擁有超能力的人，他們來自不同的流派，各地的薩滿、先知，甚至是女巫，有的說自己已經投胎一百五十次，而且有著所有輪迴的記憶，有的說他有透視眼，能夠看透黑色信封裏面的照片，參加者會接受製作單位的重重考驗，透視、預言、尋物都是基本款，有些時候甚至要調查靈異事件，跟亡靈溝通，看誰能夠闖關到最後，成爲最強通靈者。

當然作爲一檔綜藝節目，始終都是以娛樂觀眾，作爲主要的目的，所以你也可以在這個節目裡面，找到很多搞笑的擔當，而且如果拿到了冠軍，這當中的宣傳效果，還有涉及的利益可想而知，所以時不時都有這個節目造假的消息傳出，那除了這一檔綜藝節目以外，世界上還眞的有其他屬於命理師之間的比賽嗎？

今天我們就來聊聊其中一個，就是由香港青年術數家協會主辦的「全球算命師大賽」，如果不知道的同學，可能你想像中的畫面是魔法對決，但實際的情況是像考筆試一樣，就是選擇題，而且是在家裡面自己做，做完就可以提交或是把答案 email 過去就可以。

不過你不要以爲做選擇題就很容易，如果你點開香港青年術數家協會的比賽網站，會發現這些出題的老師來自不同的技術出身，有的是八字師傅，有的是馬來西亞的紫微斗數老師，接下來就是這些老師出的題目，一般都是眞人案例，而且會稱呼這些案例叫「命主」，每一題你都要根據這些命主，他的生辰八字去作答，老師出的題目也是千奇百怪，像是命主在二〇二〇年學到了什麼技能：

(1) 法文

(2) 美甲

(3) 徒手開酒瓶

(4) 飼養烏龜

作爲麻瓜，看到這樣的題目之後，你一定會覺得這個有夠扯的，到底怎麼樣才能看得出，這個人學會了徒手開酒瓶，但對於命理師來講，這一題很有趣。

首先前提是這個命主學到的技能，一定是讓他的人生軌道發生了改變，如果對人生沒有意義，這就很難看得出來。所以像養烏龜的話，就有可能是養到很有成就，賺了很多錢，或是學了法文之後，就跟法國帥哥結婚，而且關於動物的話還可以先看子女宮，這樣一來就剩下美甲跟徒手開酒瓶，這就有點難度了，用紫微斗數的話，確實是可以推導出是四肢的技能，但是畢竟美甲跟徒手開酒瓶都是跟手有關，這個時候你就要知道，剛剛講到要對人生產生意義才看得出來，因此也可能是負面的，所以可以看看這個命主二〇二〇年是不是有受傷的可能性，像徒手開酒瓶可能學到手受傷，那就是天機化忌或是文曲化科。

這樣一來你就可以知道命理比賽有一半其實是一個很嚴謹的推理比賽，而且這個程度絕對不亞於柯南的推理，另外就是透過這些題目，其實也可以看得出這些技術背後的邏輯是什麼，對於學習是非常有幫助的。

那我們回到這個比賽，主辦方總共會請來八位老師出題，一位老師出五題，總共就是四十題，然後答題的時間比較長，也是有算過時辰的，一般會在兩個節氣之間舉行，這樣一天做一題，還有幾天可以檢查答案，不過有些人肯定比較忙，最後兩天才來開始答題，我就有一些比較厲害、會通靈的朋友，在做題的過程中眞的隨時隨地感應到命主的狀態，如果有這樣的靈力，可能三十分鐘就可以做完。

而且這個比賽爲了防止有人跟出題的老師關係不錯，例如是這個老師的學生等等之類，可能可以提前知道答案，所以在計算成績的時候，會用類似跳水的計分方式，就是去掉最高分還有最低分。

比賽每年都吸引來自世界各地不同的命理大師來參賽，除了亞洲地區，也有美國、英國、加拿大的人參加，雖然比賽還是有考運的成分存在，但整體來說，這個比賽還是很有國際性的。

像二〇二一年就有超過八百位參賽者，我也很幸運地拿了一個銅牌，而二〇二〇的比賽裏面，我們桃桃喜的北京學生，參加了這個比賽，拿下了金牌，當下的我是驚喜萬分，目前桃桃喜累積了一金二銅，希望二〇二二能夠再創佳績，多拿幾面獎牌才是！

二〇二二 比賽題目

https://www.facebook.com/worldfortuneteller/posts/2131686163646704

二〇二二比賽答案

https://www.facebook.com/worldfortuneteller/posts/2172665492882104

二〇二二得獎名單

https://www.facebook.com/worldfortuneteller/photos/a.669183896563612/2175470882601565/（young chien 就是我）

少年想跟你說

Oriental Numerology

(1) 世界上最知名的玄學對戰節目，通靈之戰。

(2) 香港有全球算命師大賽，每年夏天比賽。

(3) 我辛丑年得了銅牌，開心！

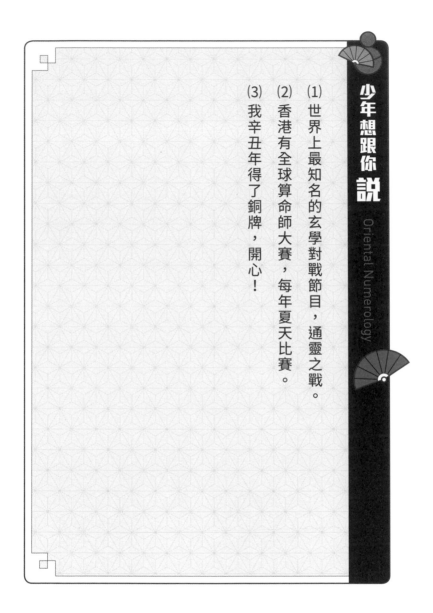

二〇二二運勢附錄❶

十二生肖運勢

二〇二二年是壬寅，寅代表的是春暖花開，生氣蓬勃，所以經歷前兩年的震盪，終於世界要慢慢步回正軌，朝全新的方向邁進。

壬年在紫微斗數中認爲，因爲天梁星化祿，是天降奇蹟，所以老天賜與我們的知識都會帶來大量的好處，因此醫療、教育、老年、法律行業都會迎來很大的發展，再來是紫微星化權，所以人們對於菁英、高貴、領導階層的需求變得更迫切，奢侈品行業跟政府的主導會變強，上流階級的狀態也會受到更多的關注，也會有很多人萌生創業的想法，接著是左輔星化科，大家會開始合作，尤其重視男性在社會中的輔助角色，關注男性的次文化需求，當男性不再是主流的宰制者時，他們扮演的狀態被人所關注，最後是武曲星化忌，金融體系會受到很大的挑戰與衝擊，導致衝突變多，人們會產生及時行樂的想法，消費需求激增，以上就是二〇二二的整體運勢。

接下來我們來看十二生肖各自的運勢吧！

屬老鼠的同學

在二〇二二是非常有活力的一年，做任何事情都會充滿幹勁，但是顯得有一些些衝動，在工作上面容易有一些遠方的機會，還有男貴人出現會讓自己有很多表現的機會，可以把事情做得很好，同時間桃花也蠻旺的，但是要特別注意，因爲太旺了，所以容易捲入三角戀之中。身體方面要很注意骨頭上面的問題，甚至是肝臟問題，原因就是因爲太衝動了，所以導致很多事情顧前不顧後，身體吃不消。

開運關鍵字：「成熟」，建議可以多一些成熟的穿搭風格，就可以讓自己的運氣更好。

幸運方位：西方。

風水斷捨離建議：建議把家裡多餘的電鐵器丟掉，可以有效改善健康。

屬牛的同學

在二〇二二是表現欲爆發的一年，不管做什麼都超容易被大家看見，而桃花也是百花齊放，不管是正緣還是偏緣，全部通通都來，可是也因爲這樣，容易花很多的錢在打扮自己跟交際應酬上面，工作部分因爲桃花實在太旺了，導致工作狀態不是很穩定，兩頭燒會蠻累的，桃花太

旺在正緣上面不容易穩定，因爲對象太多了，很難知道到底最後要選哪一個，另外，田宅運非常強旺，所以容易有天上掉下來的收穫，可以在房地產上可以好好的投入，會有很大的發揮。

開運關鍵字：「突破」，建議在穿搭上展現一些從未嘗試過的風格，突破自我，就會讓自己開運。

幸運方位：東方。

風水斷捨離建議：建議把家裡多餘衣服丟掉，可以有效改善桃花及財運。

屬老虎的同學

疫情期間憋了這麼久，二〇二二年會非常奔波，非常想出國，所以跟國外連結會變得非常強。但是在感情上容易跟另外一半有所衝突，彼此之間會有一些誤會難以解開。而在錢財上面很棒，因為奔波得財，雖然說到處移動，可財運的部分大爆發，但容易在朋友上面花很多錢，同時間在一些投資上面沒有賺到錢，所以要特別注意跟別人合夥的關係，你可能賺了很多錢，最後都被你的合夥人或你的朋友拿走了，導致你二〇二二年看似賺了很多錢，最後卻沒有留下很多。

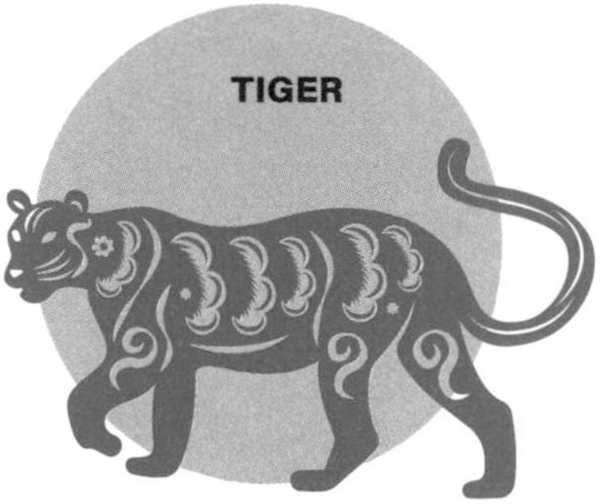

開運關鍵字：「療癒」，建議在穿搭上走療癒系的風格，這樣能夠讓自己運勢更旺，更多貴人出現。

幸運方位：西方。

風水斷捨離建議：建議把多餘又花錢的行李箱或包包丟掉，可以有效改善人緣跟部屬運。

屬兔的同學

在二〇二二可以說是天翻地覆的一年，你會發現忙到不可思議，然後有很多的機會出現，你全部都想要把握，會花非常多的錢投資，大刀闊斧的前進，在另外一半身上也容易花費很多金錢，桃花也非常的強旺，導致生活方方面面都花了很多錢，所以這一整年看似非常風光，但實際上卻沒有賺到太多錢，也沒有留下太多錢，絕大部分都是在做投資，所以事業新的進展非常的棒，但是在收入方面卻難以留下非常多。不過整體來說，還是很不錯的，因爲你的財運算是很強的喔！

開運關鍵字：「創新」，建議在穿搭上嘗試一些創新的打扮，挑戰更前衛的風格，就能夠讓運勢更好。

幸運方位：東方。

風水斷捨離建議：建議把多餘的3C用品跟健身器材丟掉，可以有效改善工作運跟桃花運。

屬龍的同學

在二〇二二是奔波移動的一年，完全沒有辦法停留在一個地方。同時間你會發現自己的全新天分，你會理解自己有全新的才藝，而且在很多貴人協助下展現出來，大家都會覺得，原來你是這方面的天才，眞是不可思議。桃花部分也容易在移動中遇到對象，或是遇到非常奔波的另一半，整體財運不能說是非常強旺，甚至還因爲移動而破財，但是工作部分倒是蠻有收穫。健康方面要特別注意，以往的身體算

是比較強健，可是在今年會容易發生一些怪病而找不出原因，但大部分可能發生在腸胃跟肺的部分，所以要好好的照顧身體，千萬不要忙壞了。

開運關鍵字：「正式」，建議在穿搭上更正式一些，讓自己看起來非常得體，這樣就能讓自己吸引更多好運。

幸運方位：東方偏南。

風水斷捨離建議：建議把多餘的紀念品跟媒體內容清除，可以有效改善工作運跟桃花運。

屬蛇的同學

在二〇二二是穩定中冒險的一年，做很多事情你都相對比較保守，可是因爲大環境實在變得太快，你也很難去做太長遠的規劃，所以你有很多時候必須去挑戰自己，導致做得非常辛苦，但是還好你貴人很多，所以不管是夥伴，還是你遇到的老闆，都會給你很多的資源和收入，可以支撐你面對這些新的挑戰，不過也因爲這樣，你會很突然的花錢，讓你大破財，無法去積累太多的財富，因此要很注意自己在錢財使用的狀態，雖然有很多資源，但是最終可能都要從自己手上花掉，無法留下。

開運關鍵字：「多變」，建議在穿搭上嘗試多變的不同風格，不要被拘束，這樣就能有更多開運能量。

幸運方位：西方。

風水斷捨離建議：建議把多餘水垢及保養品清除，這樣可以改善自己的貴人和健康運。

屬馬的同學

在二〇二二是海盜船長的一年，每天都在乘風破浪，不過工作上也不斷迎接全新的挑戰，有很多天外飛來的機會，讓你不得不全力以赴，同時間你在錢財上面也有很多意外的收入，不管是原來的投資，或是朋友找你合作，都會有很多你意想不到的收穫，不過也因爲你整體的工作，就像海盜一樣的忙碌，所以身體健康上容易有肺部發炎的問題，或是肝臟發炎的問題，千萬要好好保養自己的身體健康，然後在感情上也因爲過度奔波忙碌，不只會有所疏離，還容易捲入一些三角戀的狀態，記得要看清楚對象喔！

開運關鍵字：「童心」，建議做一些童心的穿搭，可以讓你在忙碌生活中找到輕

鬆的感覺，運勢就會好。

幸運方位：南方。

風水斷捨離建議：建議把多餘的興趣用品跟食物丟掉，這樣可以改善財庫運跟子女運。

屬羊的同學

在二〇二二是大花錢的一年，你會莫名的想要花錢，覺得每一件事情好像都很值得你去買，但是你的花錢其實是有很大好處的。因爲你的房地產運非常的強健，所以如果破財去買房子，你會發現你有很多意外的收穫，有種塞翁失馬，焉知非福的感覺，雖然有很多突發花錢的事情，可是最後卻因爲自己在房地產上的收穫，所以全部打平，

甚至還賺得更多，因此可以花很多時間投入在房地產上，工作部分會得到一些權力，也容易換到一些更好的工作。但是工作運不是很穩定，所以在整體投入還是要三思後行，不要太過於激進。

開運關鍵字：「柔軟」，建議做一些比較偏女性化的柔軟穿著，可以讓自己有一些柔軟的心，也就能更有貴人。

幸運方位：南方。

風水斷捨離建議：建議把多餘的耳機或手機給丟掉，這樣可以改善貴人運跟健康運。

屬猴的同學

在二〇二二是國外機緣的一年，你會有非常多機會跟國外產生合作，但是因爲你比較奔波，所以你工作上的任務有忽然中斷的問題，原本說好要做的工作，做一做忽然就停了。跟合作夥伴之間也容易產生比較多衝突，容易有換夥伴或是換合作對象的狀態，而且中間還會害你花不少的錢，所以建議慎選合作夥伴，同時你可以拿到很多主管給你的資源，讓你有很多賺錢的方式，所以會忽然多一些賺錢的門路，都是跟主管有關的，這些天上掉下來的錢一定要好好運用，不然的話，很容易就是過手之財，流掉就沒有了，感情上會遇到一些性格比較強硬的對象，要特別小心有其他女性的介入你們之間的感情。

開運關鍵字：「性感」，建議做一些性感的穿著，更多表現自己的魅力，就容易有很多新機會打開財運。

幸運方位：南方偏西。

風水斷捨離建議：建議把多餘的交通工具跟書籍給丟掉，這樣可以改善財運跟心情。

屬雞的同學

在二〇二二是整合者的一年，你會發現，一整年都在幫助大家整合各種的東西，那桃花上面也會忽然發現有很多新的緣分和可能性，甚至有豔遇的狀態，不過這些艷遇都伴隨著破財，所以有很多錢財容易花掉，雖然你整合很多資源，都要記得這些資源都不是你的，都是別人的，所以你只是幫他們代管這些錢財，千萬不要打腫臉充胖子，在工作跟感情上過度支出，導致難以回收。

開運關鍵字：「俐落」，建議做一些比較俐落的帥氣打扮，可以增強決斷力，就

不會被人牽著，運勢就更強。

幸運方位：南方偏西。

風水斷捨離建議：建議把多餘的文創小物丟掉，這樣可以改善健康運跟貴人運。

屬狗的同學

在二〇二二是財運超級強旺的一年，你會覺得不管做每一件事，都有天上掉下來的好處，然後你會發現自己像是一個顧問般的角色，不斷地說話，透過說話跟指導別人可以得到很多全新的收入，但也因爲錢來得非常非常快，所以你很難珍惜錢財，導致你存錢方面的能力很差，有點大意，容易在買房上面花了很多的錢，甚至是有很多意外的開銷，都是你沒有注意到的，感情上容易遇到一些遠方的艷遇，或是遠方的人，所

以容易是遠距離戀愛的一年，但本身的桃花能量並沒有說非常強，所以你們可以先培養關係之後再做打算。

開運關鍵字：「溫暖」，建議做一些比較溫暖的打扮，讓大家感覺到你的暖度，就會更喜歡你，運勢更好。

幸運方位：西南方。

風水斷捨離建議：建議把多餘的玩具跟享樂用品丟掉，這樣可以改善財運跟焦躁感。

屬豬的同學

在二〇二二是忙翻的一年，你去年的耕耘在今年都會有所收穫，所以你會變成一個很有權力的人。不過也因爲這樣，你開始思考自己存在的意義，所以會一直想自己到底要做些什麼，會想說自己到底能不能做出更好的東西來，可是你會發現自己好像想得有點太多了，但做得不夠多，因爲想了很多，所以在錢上面容易花很多，沒有特別去思考這個錢，到底是該怎麼樣留下來，因此你會發現自己好像沒有留下太多的錢，轉眼間怎麼花了好多錢，但是花這些錢能夠認識到很好的朋友，在感情上也因此有一些新的對象，可以穩定的往下發展，所以雖然說財是破的，但還是很不錯的喔！

開運關鍵字：「信念」，建議做一些符合心中信念的打扮，可以透過自己的表達讓大家更理解你，這樣運勢就會更旺。

幸運方位：西南方。

風水斷捨離建議：建議把多餘的書信卡片丟掉，可以改善六親運勢跟投資運。

風水指南

今天要來教大家自己就能動手做的二〇二二年居家財運和桃花風水布局。布局DIY第一步，如何確認你家房屋的朝向呢？

步驟一：找到家裡最大的對外窗，一般是客廳的對外窗，如果有客廳陽臺那就是陽臺啦！

步驟二：打開窗，在窗外用手機打開內建的指南針，確保房屋能收到GPS訊號，以及不受屋內磁力干擾，如果有手機殼，記得把殼拿下，然後手機伸出窗外，測量出來的位置，就是你們家的朝向。

我們使用的技術叫「飛星風水布局」，要找出「八白星」跟「一白星」到底飛到了哪裡，爲什麼要找八白星和一白星？因爲八白星代表的是財跟事業，一白星代表的是桃花，是吉利的星星，所以我們如果催化了它們，就等於加強正財位跟桃花位，我們的財運自然是會比較強旺，現在就開始去找出這個位置吧！

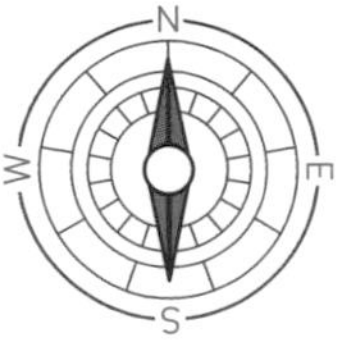

朝南房屋財運風水布局

二〇二二年你們的八白星飛到你家的東北邊，同時今年八白星剛好跟四綠星在一起，所以你們家的文昌位，跟你們家的財位，今年正好是在同一個地方。

在同一個地方的情況下，我們就把這個地方的能量催強，八白本身屬土，然後四綠星屬木，木剋土不好，所以除了催旺之外，還要有一個五行順生的做法，建議你放一個紅色的燈，或是放個紅色的蠟燭，用五行「火」的能量作爲一個風水的導引，把這個四綠的能量，透過火的能量，引導到八白的位置，形成木生火，火生土的結構。在二〇二二年你的狀況就會變成只要有任何的文件，或是書寫的東西，就有很高的概率可以更加旺你的財運喔！

朝南房屋桃花運風水布局

二〇二二年你們的一白星飛到你家的正北邊，我要就把這個地方的能量催強，一白本身屬水，建議你放一個黑色的燈，或是放個活水，用五行「水」的能量作爲一個風水的加強，在二〇二二年你只要在家裡的北方跟喜歡的人傳訊息，就會很容易激發出愛的火花，就有很高的概率可以旺你的桃花運喔！

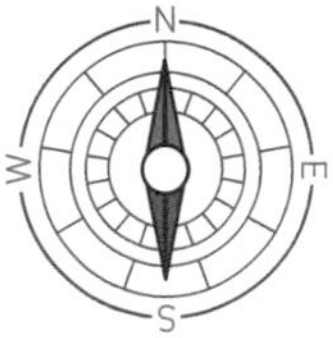

朝北房屋財運風水布局

二〇二二年你們的八白星飛到你家的東北邊，同時今年八白星剛好跟三碧星在一起。

因爲三碧星會造成一些財務上的問題，我們就要把它也洩掉，八白本身屬土，然後三碧星屬木，所以我們來做一個五行順生的做法，建議你放一個紅色的燈，或是放個紅色的蠟燭，用五行「火」的能量作爲一個風水的導引，把這個三碧的能量洩掉，加強八白的能量，化煞爲用，形成木生火，火生土的結構。在二〇二二年你的狀況就會變成，以前有一些款項、文件問題，都會迎刃而解，可以更加旺你的財運喔！

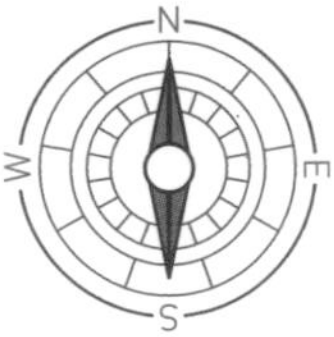

朝北房屋桃花運風水布局……

二〇二二年你們的一白星飛到你家的正北邊，剛好跟五黃煞星在一起，五黃屬土，一白屬水，我們可以用一個五行通關的方式，放一個銅葫蘆，銅葫蘆本身有化煞的功能，同時間金的五行也會洩掉五黃的土，土生金，金生水，化煞爲用，把一白的能量增強，用五行「金」的能量作爲一個風水的加強，在二〇二二年你只要在家裡的北方跟喜歡的人傳訊息，就會很容易激發出愛的火花，就有很高的概率可以旺你的桃花運喔！

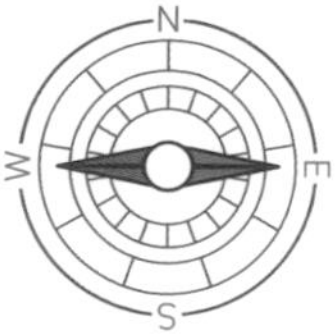

朝東房屋財運風水布局……

二〇二二年你們的八白星飛到你家的東北邊，同時今年八白星剛好跟一白星在

一起。

因爲八白星跟一白星兩者都是好的，不過他們屬性是相剋的，所以如果要旺財，建議放一個有土的植物在東北方，因爲土會剋水，但加了木以後，形成了自然界的樣態，水來澆灌木頭，木頭扎根土，就是健康的循環，運勢會生生不息，但是要注意植物不能死，不然就會影響到自己的財運喔！

朝東房屋桃花運風水布局

二〇二二年你們的一白星飛到你家的正北邊，剛好跟八白星在一起，八白屬土，一白屬水，我們可以用一個五行通關的方式，放一個銅葫蘆，銅葫蘆本身有化煞的功能，同時間金的五行也會引導八白的土，土生金，金生水，把一白的能量增強，用五行「金」的能量作爲一個風水的加強，但要注意，這個局勢是用正財生愛情，所以會爲了愛情花錢，不過如果能花錢在自己愛的人身上，那又如何呢？因此在二〇二二年你只要在家裡的北方跟喜歡的人傳訊息，就會很容易激發出愛的火花，就有很高的概率可以旺你的桃花運喔！

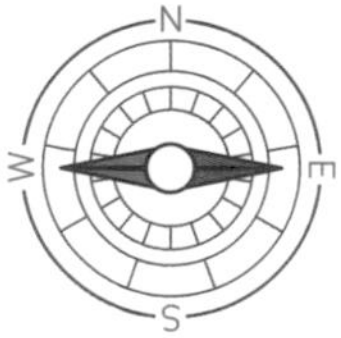

朝西房屋財運風水布局

二〇二二年你們的八白星飛到你家的東北邊，同時今年八白星剛好跟六白星在一起。這就尷尬了，因爲六白星屬金，八白星屬土，會土生金，但是六白星是不好的，越生會越多衝突，所以我們要避開這個問題，換個地方來催旺。

原來家裡的局勢正北方也有一個八白星可以用，剛好跟一白星在一起。

因爲八白星跟一白星兩者都是好的，不過他們屬性是相剋的，所以如果要旺財，建議放一個有土的植物在東北方，因爲土會剋水，但加了木以後，形成了自然界的樣態，水來澆灌木頭，木頭扎根土，就是健康的循環，運勢會生生不息，但是要注意植物不能死，不然就會影響到自己的財運喔！

朝西房屋桃花運風水布局

二〇二二年你們的一白星飛到你家的正北邊，剛好跟八白星在一起，八白屬土，一白屬水，我們可以用一個五行通關的方式，放一個銅葫蘆，銅葫蘆本身有化煞的功能，同時間金的五行也會引導八白的土，土生金，金生水，把一白的能量增強，用五行「金」的能量作爲一個風水的加強，但要注意，這個局勢是用正財生愛情，所以會爲了愛情花錢，不過如果能花錢在自己愛的人身上，那又如何呢？所以在二〇二二年你只要在家裡的北方跟喜歡的人傳訊息，就會很容易激發出愛的火花，就有很高的概率可以旺你的桃花運喔！

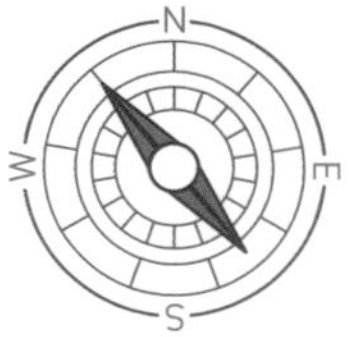

朝西北房屋財運風水布局

二〇二二年你們的八白星飛到你家的東北邊，同時今年八白星剛好跟七赤星在一起。這就尷尬了，因爲七赤星屬金，八白星屬土，會土生金，但是七赤星是不好的，越生會越多衝突，所以我們要避開這個問題，換個地方來催旺。

原來家裡的局勢正南方也有一個八白星可以用，剛好跟九紫星在一起。九紫星屬火，八白星屬土，火會來生土，而且九紫星跟八白星都屬於吉利旺財的星，建議你放一個紅色的燈，或是放個紅色的蠟燭，用五行「火」的能量作爲一個風水的催旺，加強火生土的結構。在二〇二二年你的狀況就會變成很容易出名，爆發力極強，有財也能守財，就有很高的概率可以更加旺你的財運喔！

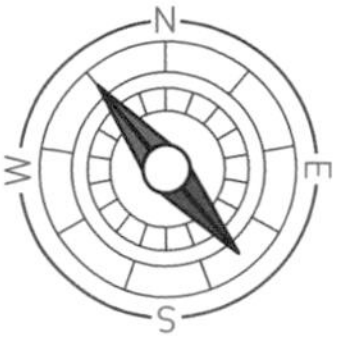

朝西北房屋桃花運風水布局

二〇二三年你們的一白星飛到你家的正北邊，剛好跟九紫星在一起，九紫屬火，一白屬水，彼此相剋，所以我們可以用一個五行通關的方式，放一個木葫蘆，木葫蘆本身有化煞的功能，同時間木的五行也會引導一白的水，水生木，木生火，用五行「木」的能量作爲一個風水的導引，這個局勢是用愛情生激情，所以桃花會來得很突然又很猛烈，不過激情一點好像也不錯？所以在二〇二三年你只要在家裡的北方跟喜歡的人傳訊息，就會很容易激發出愛的火花，就有很高的概率可以旺你的桃花運喔！

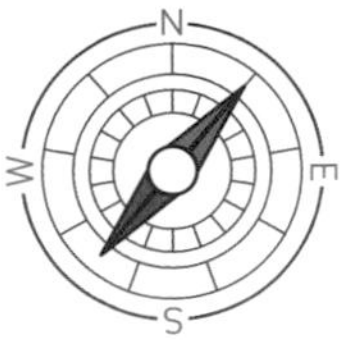

朝東北房屋財運風水布局

二〇二三年你們的八白星飛到你家的東北邊，同時今年八白星剛好跟五黃星在一

起。這就尷尬了，因爲五黃星屬土，八白星屬土，都屬土，但是五黃星是不好的，越生會越多病痛，所以我們要避開這個問題，換個地方來催旺。不過另外一個八白星也跟二黑星在一起，邏輯跟前面一樣，看來不能用八白星了。

家裡的局勢正東方有一個九紫星可以用，剛好跟三碧星在一起。九紫星屬火，三碧星屬木，木會來生火，三碧星的能量被洩掉，這樣九紫星可以把三碧星化煞爲用，建議你放一個紅色的燈，或是放個紅色的蠟燭，用五行「火」的能量作爲一個風水的催旺，加強木生火的結構。

在二〇二二年你的狀況就會是非變少，現金周轉順利，很容易出名，爆發力極強，就有很高的概率可以更加旺你的財運喔！

朝東北房屋桃花運風水布局

二〇二二年你們的一白星飛到你家的正北邊，剛好跟七赤星在一起，七赤屬金，一白屬水，金來生水，七赤星是不好的，所以這樣正好七赤星的能量被洩掉，一白星可以把七赤星化煞爲用，建議你放一個黑色的燈，或是放個水缸，用五行「水」的能量作爲一個風水的催旺，加強金生水的結構。所以在二〇二二年你只要在家裡的北方跟喜歡的人傳訊息，就會很容易激發出愛的火花，就有很高的概率可以旺你的桃花運喔！

朝西南房屋財運風水布局

二〇二二年你們的八白星飛到你家的東北邊，同時今年八白星剛好跟二黑星在一起。這就尷尬了，因爲二黑星屬土，八白星屬土，都屬土，但是二黑星是不好的，越生會越多病痛，所以我們要避開這個問題，換個地方來催旺。不過另外一個八白星也跟五黃星在一起，邏輯跟前面一樣，看來不能用八白星了。

家裡的局勢正南方有一個九紫星可以用，剛好跟三碧星在一起。九紫星屬火，三碧星屬木，木會來生火，三碧星的能量被洩掉，這樣九紫星可以把三碧星化煞爲用，建議你放一個紅色的燈，或是放個紅色的蠟燭，用五行「火」的能量作爲一個風水的催旺，加強木生火的結構。

在二〇二二年你的狀況就會是非變少，現金周轉順利，很容易出名，爆發力極強，就有很高的概率可以更加旺你的財運喔！

朝西南房屋桃花運風水布局

二〇二二年你們的一白星飛到你家的正北邊，剛好跟四祿星在一起，四祿屬木，一白屬水，水來生木，兩者都是吉利，但這樣一白星的能量被洩掉，建議你放一個黑色的燈，或是放個水缸，用五行「水」的能量作爲一個風水的催旺，加強水生木的結構。所以在二〇二二年你只要在家裡的北方跟喜歡的人傳訊息，就會很容易激發出愛的火花，就有很高的概率可以旺你的桃花運喔！

朝東南房屋財運風水布局

二〇二二年你們的八白星飛到你家的東北邊，剛好跟九紫星在一起。九紫星屬火，八白星屬土，火會來生土，而且九紫星跟八白星都屬於吉利旺財的星，建議你放一個紅色的燈，或是放個紅色的蠟燭，用五行「火」的能量作爲一個風水的催旺，加強火生土的結構。在二〇二二年你的狀況就會變成很容易出名，爆發力極強，有財也能守財，就有很高的概率可以更加旺你的財運喔！

朝東南房屋桃花運風水布局

二〇二二年你們的一白星飛到你家的正北邊，剛好跟二黑星在一起，二黑屬土，一白屬水，我們可以用一個五行通關的方式，放一個銅葫蘆，銅葫蘆本身有化煞的功能，同時間金的五行也會引導二黑的土，土生金，金生水，把一白的能量增強，用五行「金」的能量作爲一個風水的加強，所以在二〇二二年你只要在家裡的北方跟喜歡的人傳訊息，就會很容易激發出愛的火花，就有很高的概率可以旺你的桃花運喔！

簡少年現代生活算命書

作　者—簡少年
主　編—林菁菁
企劃主任—葉蘭芳
封面設計—江孟達
內頁設計—李宜芝
內頁插圖—CHIEN YI CHUN

總 編 輯—梁芳春
董 事 長—趙政岷
出 版 者—108019 臺北市和平西路 3 段 240 號 3 樓
發行專線—(02) 2306-6842
讀者服務專線—0800-231-705．(02) 2304-7103
讀者服務傳眞—(02) 2304-6858
郵撥—19344724 時報文化出版公司
信箱—10899 臺北華江橋郵局第 99 信箱
時報悅讀網—http://www.readingtimes.com.tw
法律顧問—理律法律事務所 陳長文律師、李念祖律師
印　刷—勁達印刷股份有限公司
初版一刷—二〇二二年三月二十五日
初版八刷—二〇二四年五月三日
定　價—新臺幣三二〇元

時報文化出版公司成立於一九七五年，
並於一九九九年股票上櫃公開發行，於二〇〇八年脫離中時集團非屬旺中，
以「尊重智慧與創意的文化事業」爲信念。

簡少年現代生活算命書 / 簡少年著 . -- 初版 . -- 臺北市 : 時報文化出版企業股份有限公司 , 2022.03
面； 公分

ISBN 978-626-335-026-7 (平裝)

1.CST: 命書

293　　111001449

ISBN 978-626-335-026-7
Printed in Taiwan